DONALD TRUMP
ESTRATÉGIAS PARA VENCER
NO MUNDO DOS NEGÓCIOS

EDUARDO INFANTE

DONALD TRUMP
ESTRATÉGIAS PARA VENCER NO MUNDO DOS NEGÓCIOS

1ª Edição
2025

Prata

São Paulo-SP
Brasil

Editor-chefe: Eduardo Infante
Projeto gráfico de miolo e capa: Julio Portellada
Diagramação: Estúdio Kenosis
Revisão de texto: Flávia Cristina Araujo

Dados Internacionais de Catalogação na Publicação (CIP)
(Câmara Brasileira do Livro, SP, Brasil)

Infante, Eduardo
Donald Trump : os negócios do empreendedor que se tornou presidente dos Estados Unidos / Eduardo Infante. -- 1. ed. -- São Paulo : Prata Editora, 2025.

Bibliografia.
ISBN 978-65-86262-13-1

1. Empreendedorismo 2. Estratégia empresarial 3. Gestão de negócios 4. Negociação (Administração de empresas) 5. Trump, Donald, 1946- I. Título.

25-254105 CDD-658.4012

Índices para catálogo sistemático:

1. Estratégia empresarial : Administração de empresas 658.4012

Eliete Marques da Silva - Bibliotecária - CRB-8/9380

Prata

Prata Editora e Distribuidora
www.prataeditora.com.br
facebook/prata editora

Agradeço a Deus pelas melhores coisas da vida:
saúde, paz, felicidade e minha grande família.

Sumário

Introdução

Donald J. Trump é um dos nomes mais conhecidos atualmente, em todo o mundo. Empresário de sucesso e bilionário, tornou-se uma celebridade de personalidade polêmica, mas que, inegavelmente, construiu um legado sólido, tanto como homem de negócios, quanto como político. Ele tem uma carreira marcada por altos e baixos, cercada por controvérsias e conquistas. Antes de se tornar o 45º presidente dos Estados Unidos e, posteriormente, o 47º presidente desta potência mundial, Trump era, acima de tudo, um empreendedor visionário que transformou o mercado imobiliário de Nova York e criou uma marca forte e reconhecida mundialmente.

Nascido em 1946, no bairro do Queens, em Nova York, Trump cresceu em um ambiente familiar cujos negócios formavam a parte central da vida. Seu pai, Fred Trump, um dos grandes nomes do setor imobiliário, ensinou e deu a base necessária para que o filho seguisse seus passos, com grande êxito. Entretanto, Donald Trump não desejava apenas seguir os passos de seu pai; ele tinha ambição e determinação suficientes para chegar muito mais longe. Desde cedo, mostrou-se um homem determinado a assumir riscos calculados e a pensar grande. Ele não era um empreendedor com sonhos: tinha metas e objetivos muito claros. Essa mentalidade o fez alcançar um grande sucesso nos negócios e o preparou para desafios ambiciosos.

A marca Trump foi construída em torno de grandes empreendimentos imobiliários que redefiniram o horizonte de Manhattan. Desde a Trump Tower, na Quinta Avenida, aos luxuosos hotéis e cassinos erguidos em Atlantic City, sua imagem reflete luxo, poder e sucesso. A habilidade de Trump em transformar prédios e áreas pouco valorizadas em ícones urbanos, e em atrair investidores, o consolidou como um dos maiores nomes no mercado imobiliário norte-americano. Mas seu desejo não era "apenas" construir prédios e realizar grandes negócios imobiliários; ele queria criar uma marca que pudesse valer muito mais do que qualquer empreendimento. Ele queria transformar seu nome em uma marca valiosa.

Nos anos 1980 e 1990, Donald Trump expandiu sua influência para além do mercado imobiliário. Ele tornou-se uma personalidade midiática, conhecido por seu estilo extravagante e declarações polêmicas. Sua imagem foi amplamente explorada em livros, como *The Art of the Deal* (*A arte da negociação*), que se tornou um best-seller e reforçou sua reputação como um negociador habilidoso. No entanto, apesar de ser um colecionador de grandes sucessos, Trump passou por duras adversidades durante sua jornada empreendedora. Durante a crise imobiliária dos anos 1990, assim como no estouro da bolha imobiliária nos Estados Unidos, em 2008, ele enfrentou falências e dívidas astronômicas, mas conseguiu se reinventar, demonstrando sua resiliência e capacidade de administrar situações de crise.

Um ponto crucial para que Trump alcançasse o sucesso foi sua capacidade de compreender e trabalhar com a opinião pública, desviando a atenção de pontos críticos e colocando holofotes em pontos positivos, conseguindo, assim, reverter opiniões e situações negativas. Ele percebeu há muito tempo que o mundo é "dominado" pela mídia e que para conseguir vender sua marca, seus produtos e empreendimentos, era necessário saber trabalhar muito bem com as mídias disponíveis. Essa percepção o levou à criação de licenças de sua marca para produtos que iam de gravatas à água engarrafada. O *reality show "The Apprentice"* (*"O Aprendiz", na versão brasileira*), lançado em 2004, foi um dos marcos da época. Trump não era apenas um personagem; ele era a personificação viva do sonho americano. No programa, além de mostrar seus feitos como empresário, ele era capaz de ensinar e julgar os "aprendizes", destacando sua capacidade de liderança e, principalmente, divulgando sua marca pessoal com maestria. Ele inspirava toda a audiência do programa com a mensagem de que o sonho americano era possível, de que qualquer pessoa, desde que se dedicasse e trabalhasse arduamente, com inteligência e foco, poderia alcançar o sucesso.

Apesar de sua reputação como magnata dos negócios, Trump sempre foi um homem polêmico. Ele nunca teve medo de confrontar críticos ou de assumir posições polêmicas. Essa postura o manteve nos holofotes por décadas, e muitos subestimaram sua capacidade de transformar a fama empresarial em influência política. No entanto, para Trump, os negócios e a política compartilhavam uma base comum: ambos eram sobre negociação, poder e estratégia.

Quando Donald Trump anunciou sua candidatura à presidência dos Estados Unidos, em 2015, poucos o levaram a sério. Mas o magnata trouxe para a política as mesmas táticas que usava nos negócios: uma mensagem clara, com abordagem direta e a capacidade de se conectar com as massas. Ele soube usar o poder do marketing e das redes sociais, aproveitando essas ferramentas para construir uma base de apoio fiel.

A trajetória de Trump é uma demonstração clara de como habilidades empresariais podem ser transferidas para outros campos. Sua experiência em lidar com negociações complexas, tomar decisões arriscadas e gerenciar crises o ajudou a navegar nas águas turbulentas da política. Ao conquistar a presidência em 2016, ele provou que sua combinação de pragmatismo empresarial e carisma populista podia redefinir o cenário político dos Estados Unidos.

O mandato de Trump foi tão polêmico quanto sua carreira empresarial, mas isso não o impediu de continuar influente. Em 2020, ele buscou a reeleição em um momento de grandes desafios para o país, incluindo uma pandemia global. Embora tenha perdido a disputa naquele ano, sua presença política permaneceu forte, culminando em sua histórica segunda vitória presidencial em 2024.

Donald Trump é mais do que um homem de negócios ou um político; ele é um fenômeno cultural que personifica ambição, controvérsia e reinvenção. Sua ascensão do mundo dos negócios e empreendedorismo ao salão oval da Casa Branca é uma história que reflete a essência do sonho americano – é realmente uma história de sucesso, da qual podemos tirar lições importantes para os negócios e para a vida.

Neste livro, vamos explorar os passos de Donald Trump no mundo empresarial. Você vai conhecer os seus negócios bilionários, saber como ele criou sua fortuna, propagou sua marca e, principalmente, vai aprender com as muitas lições de empreendedorismo de sucesso que só alguém como Donald Trump poderia ensinar.

Aproveite a leitura!

1

Os primeiros passos de Donald Trump

Donald John Trump nasceu no dia 14 de junho de 1946, no bairro do Queens, em Nova York. Ele é o quarto dos cinco filhos de Fred Trump e Mary Anne Trump. A história do homem que um dia se tornaria o 45º presidente dos Estados Unidos e, posteriormente, o 47º a ocupar o cargo na Casa Branca começa em um ambiente moldado por disciplina, ambição e uma forte tradição familiar no mercado imobiliário. Desde cedo, Donald demonstrava os traços de sua personalidade marcante – carismático, competitivo e cheio de confiança.

Infância e família

Fred Trump, pai de Donald, foi um empresário de sucesso do setor imobiliário, conhecido por construir casas populares em bairros nas periferias de Nova York. Mary Anne Trump, a mãe, era uma imigrante escocesa que trouxe valores tradicionais para a criação dos filhos. A combinação da rigidez do pai com a influência calorosa da mãe formou a base da educação na família.

Donald Trump cresceu em um ambiente cujas conversas sobre os negócios e o mercado imobiliário eram frequentes, e isso fez com que o jovem começasse a entender sobre o assunto e, posteriormente, cultivasse o desejo de seguir os passos do pai. Fred Trump não apenas administrava um grande negócio, mas também ensinava aos filhos como valorizar o trabalho duro e perseguir o sucesso com determinação e garra. No entanto, a disciplina também tinha um lado severo. Donald frequentemente se envolvia em confusões, o que preocupava seus pais e influenciaria em decisões importantes mais tarde.

Aos 13 anos, por sua rebeldia, ele foi enviado para a Academia Militar de Nova York. A intenção do seu pai era clara: canalizar a energia de Donald para um ambiente disciplinado e estruturado. Essa experiência marcaria profundamente o jovem, ajudando a moldar seu estilo de liderança e alimentando seu desejo de ser o melhor em tudo o que fazia.

Donald Trump na Academia Militar de Nova York, em 1964.

A adolescência e a vida na Academia Militar

Na Academia Militar, Donald Trump destacou-se como um líder nato. Ele era um aluno mediano em termos acadêmicos, mas sua habilidade para comandar e motivar os outros chamou a atenção. Ele ocupou posições de liderança em organizações estudantis e se destacou no campo esportivo, especialmente no beisebol, sendo reconhecido como um dos melhores jogadores da equipe.

A experiência militar não apenas trouxe disciplina, mas também plantou em Donald uma semente de ambição. Ele era competitivo e desejava estar no topo, características que se tornariam ainda mais evidentes na sua vida adulta. Embora não tenha seguido a carreira militar, os princípios de liderança e organização adquiridos durante os anos da academia permaneceram com ele ao longo da vida.

A formação acadêmica

Após concluir o ensino médio na Academia Militar de Nova York, em 1964, Donald Trump iniciou sua jornada acadêmica com um objetivo claro: preparar-se para os negócios e seguir os passos de seu pai, Fred Trump, no mercado imobiliário. Inicialmente, ele ingressou na Universidade Fordham, no bairro do Bronx, em Nova York, onde passou os dois primeiros anos de sua formação universitária. No entanto, Trump almejava uma educação mais alinhada às suas ambições e por isso transferiu-se, em 1966, para a prestigiada Escola de Negócios Wharton, na Universidade da Pensilvânia.

A escolha por Wharton não foi por acaso. Na época, a escola era reconhecida como uma das melhores instituições de ensino para estudos financeiros e de negócios nos Estados Unidos. Trump sabia que uma formação em Wharton poderia fornecer as bases teóricas e o prestígio necessários para construir sua futura carreira.

Durante seu tempo em Wharton, Trump concentrou-se em cursos voltados para economia e gestão empresarial. Embora não tenha se destacado como um estudante excepcional em termos acadêmicos, ele foi descrito como alguém que tinha grande interesse prático pelos negócios. Trump falava frequentemente sobre o mercado imobiliário e sua vontade de expandir os negócios da família para além dos bairros do Brooklyn e do Queens.

Em 1968, Donald Trump formou-se em Economia pela Wharton. Ele voltou imediatamente para Nova York, pronto para aplicar o que havia aprendido e, sobretudo, para provar que podia ir além das conquistas de seu pai. Era o momento de colocar em prática os ensinamentos que o acompanharam desde a infância.

Sua experiência acadêmica foi marcada pelo pragmatismo. Ele usou a universidade como um trampolim para o mundo empresarial, adquirindo o conhecimento e a credibilidade necessários para iniciar sua trajetória como um dos maiores nomes do mercado imobiliário.

As influências nos negócios durante a juventude

Como mencionado anteriormente, Donald Trump cresceu envolvido pelo mundo dos negócios, especialmente devido à influência direta de seu pai, Fred Trump. Fred desempenhou um papel crucial na formação do jovem Donald, ensinando-lhe os fundamentos do setor imobiliário, desde identificar boas oportunidades até a importância de controlar custos e negociar com determinação. Mas, além de Fred, outras figuras e experiências moldaram a mentalidade de Trump e inspiraram sua trajetória empreendedora.

Um dos maiores mentores informais de Trump foi Roy Cohn, um advogado controverso, mas extremamente influente no cenário empresarial e político de Nova York nas décadas de 1970 e 1980. Cohn ensinou Trump a ser combativo e a usar os tribunais como uma ferramenta estratégica para proteger seus interesses nos negócios. Embora sua abordagem fosse polarizadora, foi com Cohn que Trump aprendeu a importância de nunca demonstrar fraqueza em negociações e de projetar sua autoconfiança em todas as situações.

Outro nome que o influenciou profundamente foi Norman Vincent Peale, pastor e autor do famoso livro *O poder do pensamento positivo* . Frequentando os sermões de Peale com seus pais, Trump absorveu a ideia de que manter uma mentalidade positiva e acreditar no sucesso são fatores determinantes para alcançar grandes realizações. Essa filosofia seria evidente ao longo de sua carreira, e o otimismo e a autoconfiança se tornaram marcas registradas de sua personalidade.

Além desses, Donald Trump foi inspirado por magnatas como J.P. Morgan, Howard Hughes e Aristóteles Onassis. Ele admirava a visão de Hughes e Onassis sobre construir impérios globais, enquanto J.P. Morgan representava o poder de transformar ideias em instituições duradouras. Trump também reverenciava os Rockefellers, cujos empreendimentos monumentais influenciaram sua ambição de criar projetos grandiosos e deixar uma marca significativa no mundo.

Outro pilar de inspiração para Trump foi a cultura competitiva de Nova York. Crescendo em um ambiente dinâmico e desafiador, ele aprendeu que o sucesso exigia coragem, criatividade e um senso apurado de oportunidade.

Essas influências formaram a base da mentalidade de Donald Trump como empresário: uma combinação de audácia, estratégia e uma crença inabalável em sua capacidade de superar obstáculos e alcançar o topo.

Preparado para o sucesso

Ao concluir sua formação acadêmica e entrar no mundo dos negócios, Donald Trump estava armado com as ferramentas necessárias para se destacar. Ele combinava a disciplina e o pragmatismo adquiridos na Academia Militar, o conhecimento teórico da universidade e a experiência prática que absorveu ao observar seu pai em ação.

Donald não demoraria a mostrar ao mundo o que era capaz de fazer. O jovem com um sonho ambicioso e um sobrenome já reconhecido no mercado imobiliário de Nova York estava prestes a transformar sua visão em realidade. Mas essa é uma história para os próximos capítulos. O menino curioso e rebelde criado no Queens se tornaria um dos nomes mais polêmicos e influentes da história americana.

Fred Trump: a base do sucesso de Donald Trump

Fred Trump desempenhou um papel fundamental na formação pessoal e profissional de seu filho, Donald Trump. Um dos maiores empreendedores imobiliários do Brooklyn e do Queens, Fred foi uma figura de inspiração para Donald desde cedo, transmitindo-lhe valiosas lições sobre negócios, trabalho duro e visão estratégica.

Durante sua juventude, Donald frequentemente acompanhava o pai em canteiros de obras, absorvendo as práticas que tornaram Fred um dos nomes mais respeitados no setor imobiliário de Nova York. Fred ensinou ao filho a importância de identificar boas oportunidades, controlar custos e gerenciar propriedades de forma eficiente. Além disso, ele enfatizava o valor da disciplina e de evitar riscos desnecessários, lições que Donald adaptou ao seu próprio estilo de negócios, muito mais ousado.

Fred também influenciou a mentalidade competitiva de Donald. Ele acreditava que o sucesso exigia perseverança e autoconfiança, características que moldaram a abordagem de Donald nos negócios. Essa influência ficou particularmente evidente quando Fred forneceu a Donald seu primeiro grande impulso financeiro para entrar no mercado imobiliário de Manhattan, marcando o início de sua expansão para projetos mais ambiciosos.

Donald Trump com seu pai, Fred Trump.

Na juventude, Donald via seu pai como uma figura poderosa, metódica e profundamente comprometida com o sucesso. Fred era admirado por sua ética de trabalho incansável e por ser um modelo de como construir riqueza com estratégia e cautela. Donald Trump reconhece a importância das bases que Fred forneceu para o seu sucesso, frequentemente destacando a influência de seu pai em entrevistas e memórias.

Estilo pessoal: a autoconfiança como marca registrada

Fred Trump era um homem reservado, mas sua confiança no próprio trabalho e visão de longo prazo eram evidentes. Donald absorveu e ampliou essas características, transformando-as em um traço marcante de sua personalidade pública. Fred incentivou o filho a pensar grande e a assumir riscos calculados, algo que se tornou evidente na abordagem grandiosa de Donald em seus empreendimentos imobiliários, como a Trump Tower.

Além disso, Fred sempre valorizou a imagem pessoal como uma ferramenta poderosa nos negócios. Ele acreditava que a aparência e a maneira de se portar eram essenciais para inspirar confiança. Donald incorporou isso ao seu estilo pessoal, adotando uma postura confiante, uma retórica direta e uma imagem cuidadosamente construída de luxo e sucesso.

A importância do *branding* e da expansão

Embora o foco de Fred Trump estivesse concentrado em mercados locais, como o Brooklyn e o Queens, ele ensinou a Donald a importância de construir uma marca sólida. Donald levou a ideia a um novo nível, transformando seu nome em sinônimo de luxo e exclusividade. Enquanto Fred era conhecido por seus empreendimentos modestos, Donald queria criar projetos grandiosos e visualmente impactantes que refletissem sua ambição.

Fred também influenciou Donald no sentido de ser cauteloso com investimentos de alto risco. Apesar da fama de Donald como um empresário ousado, ele frequentemente demonstrava um pragmatismo herdado do pai, buscando renegociar dívidas e proteger seus ativos em momentos de crise, como aconteceu com seus cassinos em Atlantic City.

Lições duradouras

A influência de Fred Trump não se limitou ao campo dos negócios. Ele também fez com que Donald absorvesse valores como a importância da disciplina, da determinação e da autossuficiência. Fred acreditava que o sucesso deveria ser conquistado e, mesmo sendo um homem rico, encorajou Donald a trabalhar duro para alcançar suas metas.

Essa educação disciplinada moldou Donald Trump em todos os aspectos de sua vida. Fred não apenas passou seu conhecimento sobre o mercado imobiliário, mas também deixou um legado de autoconfiança, persistência e visão estratégica que Donald usaria para construir sua própria identidade como empresário e, eventualmente, como figura pública.

Embora Donald tenha seguido seu próprio caminho, ampliando a marca Trump para níveis globais, é inegável que as bases de sua personalidade e de sua abordagem empresarial foram moldadas pelo exemplo de seu pai. Fred Trump não foi apenas um mentor; ele foi o alicerce sobre o qual Donald construiu sua trajetória e sua visão de mundo.

A influência de Roy Cohn na formação de Donald Trump como empresário

Roy Cohn, advogado polêmico e figura influente na política e nos negócios, desempenhou um papel crucial na formação do pensamento e do estilo empresarial de Donald Trump. Conhecido por sua agressividade, lealdade feroz e táticas sem rodeios, Cohn tornou-se mentor de Trump durante os anos iniciais de sua carreira nos negócios. Sua influência foi determinante para moldar o comportamento de Trump como negociador, estrategista e comunicador, características que marcaram sua trajetória tanto nos negócios quanto em sua posterior entrada na política.

Donald Trump com seu "mentor" Roy Cohn.

A relação entre Cohn e Trump começou no início dos anos 1970, quando o jovem Trump, então com pouco mais de 20 anos, enfrentava acusações de discriminação racial em suas propriedades imobiliárias.

Depois de uma batalha na justiça, Cohn aconselhou Trump a não admitir a culpa, mas a aceitar um acordo em que se comprometia a adotar medidas antirracistas em suas propriedades, segundo informações divulgadas pelo jornal *The New York Times* e, no Brasil, pelo portal G1.

Lições e estratégias transmitidas por Roy Cohn

1. **Ataque como defesa** – Cohn acreditava que o melhor caminho para enfrentar adversários era atacá-los diretamente e publicamente. Essa estratégia foi transmitida a Trump, que frequentemente usou táticas de confronto em negociações e disputas legais. Por exemplo, Trump não hesitava em ameaçar rivais ou críticos com processos judiciais para intimidá-los e obter vantagem.

2. **Lealdade e rede de relacionamentos** – Cohn também ensinou a Trump a importância de construir e manter uma rede de aliados. Ele conectou Trump a figuras influentes na política e nos negócios de Nova York, ajudando-o a garantir contratos, financiamentos e suporte em seus projetos. Essa rede foi essencial para que Trump conseguisse aprovações e parcerias para empreendimentos como a renovação do Grand Hyatt Hotel e a construção da Trump Tower.

3. **Uso da imprensa** – Cohn era um mestre em manipular a mídia a seu favor, uma habilidade que Trump rapidamente absorveu. Ele aprendeu a usar os meios de comunicação para projetar uma imagem de sucesso e criar um senso de grandiosidade em torno de seus projetos. Essa habilidade não só atraiu investidores, mas também construiu a reputação de Trump como um empresário audacioso e ambicioso.

4. **Tolerância a controvérsias** – Roy Cohn era notório por sua disposição para enfrentar controvérsias de frente e sair ileso de escândalos que poderiam destruir a carreira de qualquer um. Trump adotou essa mesma atitude, acreditando que a atenção, mesmo

negativa, poderia ser usada como ferramenta de marketing. Essa abordagem ficou evidente em sua carreira pública, na qual ele frequentemente prosperou em meio a críticas e controvérsias.

Exemplos práticos da influência de Roy Cohn

- **Trump Tower:** durante o desenvolvimento da Trump Tower, Trump enfrentou resistência por parte de órgãos municipais e grupos de preservação histórica. Ele usou táticas agressivas e negociações implacáveis, habilidades que Cohn havia ajudado a refinar, para garantir a aprovação do projeto e superar os obstáculos regulatórios.
- **Disputas legais:** Trump enfrentou uma série de processos ao longo de sua carreira, desde disputas com contratantes até litígios relacionados à marca Trump. Sua abordagem conflituosa refletia os conselhos de Cohn: nunca recuar e sempre contra-atacar com força total.

Roy Cohn faleceu em 1986, mas sua influência permaneceu evidente no comportamento de Trump ao longo de sua carreira. Trump adotou a postura de "nunca pedir desculpas" e "sempre lutar até o fim", mesmo em situações controversas. Essa abordagem, embora polarizadora, foi fundamental para consolidar sua imagem como um empresário de sucesso disposto a desafiar normas e enfrentar qualquer adversário.

A relação entre Roy Cohn e Donald Trump confirma a importância de mentores na formação de líderes. Cohn ensinou Trump a ser resiliente, a usar a mídia estrategicamente e a cultivar uma rede de aliados poderosos. No entanto, também ressaltava os riscos de depender excessivamente de táticas agressivas, que podem levar à polarização e criar inimizades duradouras.

Para qualquer empreendedor, o aprendizado que Trump adquiriu com Roy Cohn oferece lições valiosas sobre a importância de ter coragem, visão estratégica e a habilidade de transitar em cenários complexos. No entanto, também serve como um lembrete de que ética e equilíbrio são fundamentais para construir um legado sustentável.

“

Donald Trump cresceu
em um ambiente cujas
conversas sobre os negócios
e o mercado imobiliário
eram frequentes.

”

2

The Trump Organization – o centro de comando

A Trump Organization, centro do vasto império de negócios de Donald Trump, é uma empresa privada diversificada com atuação em diferentes setores, como imóveis, hotelaria, campos de golfe, entretenimento e licenciamento de marcas.

Fundada oficialmente em 1927 por Elizabeth Christ Trump e seu filho, Fred Trump, a empresa iniciou suas atividades no ramo imobiliário, tendo como foco a construção de habitações populares para trabalhadores nos bairros do Queens e do Brooklyn, em Nova York. Anos depois, sob a liderança de Donald Trump, a empresa transformou-se em um conglomerado global, marcada por empreendimentos imponentes e uma estratégia audaciosa de *branding*.

O que é a Trump Organization?

Formalmente registrada como Trump Organization LLC, a empresa é um conglomerado que engloba mais de 500 entidades empresariais. Embora a maior parte das suas atividades se concentre no setor imobiliário, a empresa também está envolvida em áreas como desenvolvimento de propriedades, gestão hoteleira, operação de campos de golfe, licenciamento de marcas e produção de mídia.

A Trump Organization é o coração do império corporativo de Donald Trump, que assumiu em 1971 o controle da empresa fundada por sua avó e seu pai, originalmente chamada Elizabeth Trump & Son, redirecionando suas operações para empreendimentos mais grandiosos, especialmente no mercado imobiliário de luxo em Manhattan.

Objetivos e áreas de atuação

Desde sua reestruturação, a Trump Organization tem como principal objetivo desenvolver, gerenciar e operar propriedades imobiliárias de alto padrão, incluindo hotéis, edifícios residenciais, campos de golfe e resorts. A empresa também diversificou suas atividades, expandindo para áreas como hospitalidade, entretenimento, licenciamento de marca e desenvolvimento internacional.

Uma das características principais da organização é o uso do nome Trump como sinônimo de luxo e exclusividade. Isso se reflete em empreendimentos que incluem a marca em seus nomes, como Trump Tower, Trump International Hotel and Tower, e Trump Golf Links. Além disso, a empresa licenciou a marca Trump para propriedades e produtos em várias partes do mundo, ampliando sua influência global.

Sede e estrutura

A sede da Trump Organization está localizada na emblemática Trump Tower, na Quinta Avenida, em Nova York. O suntuoso edifício não apenas abriga os escritórios da empresa, mas também simboliza a visão grandiosa de Donald Trump para os seus negócios: é o seu "castelo" de luxo em Nova York.

A empresa opera como uma *holding*, controlando mais de 500 empresas que abrangem desde propriedades imobiliárias e campos de golfe até licenciamento de produtos e participações em empreendimentos internacionais.

Embora a estrutura exata da força de trabalho varie de acordo com as operações em andamento e a empresa de Trump não divulgue números exatos, estima-se que a Trump Organization empregue diretamente milhares de pessoas em todo o mundo, com milhares de outras trabalhando em empreendimentos licenciados que carregam o nome Trump.

A atuação da empresa não se limita aos Estados Unidos. Além de seus projetos em Nova York, Flórida, e outros estados americanos, a Trump Organization mantém propriedades e projetos em países como Canadá, Escócia, Irlanda, Emirados Árabes Unidos, Índia e Filipinas. Campos de golfe, hotéis e empreendimentos residenciais são os pilares de sua atuação global.

Características principais

Uma das marcas registradas da Trump Organization é o foco em luxo, grandiosidade e exclusividade. Seja em um hotel em Las Vegas, um campo de golfe na Escócia ou um resort em Dubai, os projetos da empresa são conhecidos por sua arquitetura imponente e pela experiência sofisticada que oferecem.

Além disso, a empresa também se diferencia por sua capacidade de licenciar a marca Trump para propriedades e produtos desenvolvidos por terceiros. Esse modelo de negócio permite que a organização gere receita sem assumir o risco financeiro direto de desenvolvimento.

Gestão durante a presidência dos Estados Unidos

Com a entrada de Donald Trump na política, a Trump Organization enfrentou desafios éticos e críticas da opinião pública e de políticos. Durante o mandato presidencial, Trump transferiu o controle operacional da empresa para seus filhos, Donald Trump Jr. e Eric Trump, embora tenha mantido a propriedade dos ativos.

Impacto global

A Trump Organization se destaca não apenas por seus empreendimentos imobiliários, mas também por ser um ícone de marca global. A empresa reflete o estilo e a visão de Donald Trump: é audaciosa, luxuosa e altamente visível. Com centenas de propriedades e projetos no mundo todo, ela continua a ser um exemplo de como uma marca pode se tornar um símbolo de poder e prestígio.

Seja por seus edifícios icônicos, campos de golfe de classe mundial ou parcerias internacionais, a Trump Organization permanece como um dos nomes mais reconhecidos no setor imobiliário e empresarial global.

Trump Tower, localizada na emblemática Quinta Avenida, em Nova York. Sede da Trump Organization.

Imóveis e empreendimentos icônicos

A Trump Organization é conhecida por seus empreendimentos imobiliários emblemáticos, dentre os quais podemos destacar:

- **Trump Tower** – Localizada na Quinta Avenida em Nova Iorque, é um dos símbolos da empresa e também a sede da Trump Organization. O edifício de 58 andares combina escritórios corporativos, residências de luxo e um shopping center.
- **Trump International Hotel & Tower** – Uma série de propriedades localizadas em cidades como Chicago e Las Vegas, oferecendo acomodações cinco estrelas e residências de alto luxo.
- **Campos de golfe** – A empresa opera mais de uma dezena de campos de golfe ao redor do mundo, incluindo o Trump Turnberry, na Escócia, e o Trump National Doral, em Miami. Esses locais são frequentados por entusiastas do esporte e têm como diferencial a integração com resorts de luxo.

Hotelaria e turismo

A divisão de hotelaria da Trump Organization inclui uma série de empreendimentos de alto padrão. Há propriedades administradas diretamente pela empresa e outras que operam sob contratos de licenciamento de marcas. Os luxuosos Trump Hotels são reconhecidos por seus serviços *premium*, como *spas*, restaurantes premiados e atendimento personalizado.

Licenciamento de marca

O licenciamento de marca tornou-se um dos componentes mais lucrativos da Trump Organization. Propriedades e produtos ao redor do mundo carregam o nome "Trump" em troca de uma taxa de licenciamento, incluindo torres residenciais na Índia, Turquia e Filipinas. Esse modelo de negócio permitiu que a empresa expandisse sua presença global sem a necessidade de investimentos diretos em construções ou aquisições.

Outros negócios

A Trump Organization também tem experiência em setores como produção de mídia ("The Apprentice"), venda de produtos de consumo (Trump Steaks, Trump Vodka) e participação em empreendimentos temporários, como a Universidade Trump. Embora nem todos esses negócios tenham sido bem-sucedidos, eles contribuíram para a notoriedade da marca.

Modelo de negócios

O modelo de negócios da Trump Organization é amplamente baseado na valorização de sua marca e na utilização de ativos de alto valor. A empresa gera receitas por meio de três fontes principais:

1. **Operações diretas** – Incluindo o gerenciamento de hotéis, campos de golfe e propriedades residenciais.
2. **Licenciamento de marcas** – Receitas obtidas ao permitir que terceiros utilizem o nome "Trump" em empreendimentos.
3. **Parcerias e royalties** – A empresa muitas vezes entra em parcerias para dividir os custos e os lucros de novos projetos.

Estrutura de gestão

A Trump Organization é marcada por uma estrutura de gestão centralizada e uma cultura empresarial fortemente influenciada pela personalidade do seu líder. Para entender como as decisões são tomadas na empresa, é crucial observar o papel de Donald Trump e como a sua estrutura de gestão funciona para manter o controle de um império global.

A estrutura centralizada de gestão

A gestão da Trump Organization é notavelmente centralizada, com um núcleo executivo reduzido responsável pelas principais decisões. A família Trump desempenha um papel essencial nessa estrutura. Os filhos de Donald Trump, Donald Trump Jr. e Eric Trump, ocupam cargos de liderança e gerenciam diretamente divisões específicas, como o setor imobiliário, os campos de golfe e os hotéis. Ivanka Trump, sua filha mais velha, também mantinha um cargo na empresa, mas em 2017 deixou a organização. Essa abordagem familiar cria um ambiente de confiança e lealdade, permitindo que decisões estratégicas sejam tomadas rapidamente.

No topo da hierarquia está Donald Trump, que, mesmo tendo se tornado presidente dos Estados Unidos, permanece como a figura central da organização. Embora ele tenha delegado responsabilidades operacionais significativas para seus filhos durante sua administração como presidente dos Estados Unidos, seu nome e sua influência estratégica continuam a ser fatores cruciais na direção da empresa.

Processo de tomada de decisão

As decisões na Trump Organization geralmente seguem um modelo hierárquico. As questões operacionais diárias são gerenciadas pelos executivos seniores e gerentes de cada divisão. No entanto, as decisões estratégicas, especialmente aquelas que envolvem grandes investimentos, aquisições ou mudanças na marca, passam pelo crivo de Donald Trump ou de seus filhos, que atuam como representantes diretos de sua visão.

1. **Decisões operacionais** – As equipes regionais e de projeto têm autonomia para lidar com as operações diárias. Isso inclui a gestão de propriedades, campos de golfe e hotéis. Cada divisão possui gerentes especializados que relatam diretamente aos executivos seniores.

2. **Decisões estratégicas** – Grandes decisões, como novos desenvolvimentos imobiliários ou licenciamento de marcas em mercados internacionais, são discutidas em reuniões regulares lideradas por Donald Trump Jr. e Eric Trump. Nessas ocasiões, as análises de mercado, projeções financeiras e estratégias de *branding* são apresentadas e avaliadas.

3. **Aprovação final** – Embora os filhos de Trump desempenhem papéis executivos, o próprio Donald Trump é conhecido por se envolver pessoalmente nas decisões mais significativas. Ele tem a palavra final em assuntos que impactam diretamente a marca ou exigem negociações de alto nível. Entretanto, durante os seus

mandatos na presidência dos Estados Unidos ele passou a ter um papel bem mais discreto nas decisões.

O papel de Donald Trump

Mesmo com a transição para um papel mais consultivo durante sua gestão presidencial, Donald Trump sempre foi a força motriz da Trump Organization. Ele é o responsável pela visão estratégica da empresa e é amplamente reconhecido por sua habilidade em identificar oportunidades e transformar projetos em sucessos de mercado.

- **Visão estratégica** – Trump é conhecido por buscar empreendimentos que reforcem sua marca de luxo e exclusividade. Ele prioriza projetos que maximizem a exposição de sua marca e garantam altos retornos financeiros.
- **Marca pessoal** – Trump também usa sua influência para promover a organização. Sua personalidade e seu estilo de liderança são intrinsecamente ligados à marca Trump, o que ajuda a diferenciá-la no mercado global.
- **Negociações de alto nível** – Ao longo de sua carreira, Trump se destacou como um negociador habilidoso. Ele frequentemente se envolve em discussões com investidores e parceiros estratégicos, o que reforça sua presença como líder ativo na organização.

Gestão familiar e sustentabilidade

A dependência da gestão familiar proporciona consistência à Trump Organization. Donald Trump Jr. e Eric Trump desempenham papéis executivos em tempo integral, garantindo que os negócios operem de acordo com a visão estabelecida por seu pai. Até sua saída, em 2017, Ivanka Trump também contribuiu significativamente para a expansão global da marca.

Por outro lado, essa estrutura familiar apresenta desafios. A centralização das decisões pode limitar a inovação ou a entrada de novas perspectivas externas. Além disso, a forte associação com a figura de Donald Trump pode tornar a marca vulnerável a mudanças em sua reputação pública.

Eric Trump e Donald Trump Jr. desempenham papéis executivos em tempo integral, garantindo que os negócios operem de acordo com a visão estabelecida por seu pai.

Lições de gestão da Trump Organization

1. **Centralização com delegação** – A Trump Organization mostra que uma estrutura centralizada pode funcionar bem quando há uma liderança forte e uma delegação eficaz para equipes regionais e executivas.

2. **Foco na marca** – O controle rigoroso sobre a marca garante consistência em todos os empreendimentos e ajuda a reforçar o posicionamento de luxo e exclusividade.

3. **Importância de parcerias estratégicas** – A empresa frequentemente colabora com desenvolvedores e investidores locais, permitindo a expansão global sem assumir riscos financeiros desnecessários.

A estrutura de gestão da Trump Organization reflete a personalidade de Donald Trump: centralizada, direta e orientada para resultados. Sua abordagem combina liderança familiar, uma visão estratégica clara e um forte controle sobre a marca.

Para empreendedores, o modelo oferece lições valiosas sobre a importância de uma liderança decisiva, com uma delegação eficiente e o cuidado em preservar a identidade da marca. No entanto, também serve como um lembrete dos desafios associados à dependência de um único líder visionário e à concentração de poder em uma estrutura familiar.

Independentemente das controvérsias, a Trump Organization consolidou-se como um dos maiores conglomerados familiares do mundo. A empresa deixou um impacto indiscutível na indústria imobiliária e ajudou a redefinir o conceito de luxo em muitos mercados.

Para muitos, o legado da Trump Organization é inseparável da figura de Donald Trump, que transformou seu nome em uma marca global. Ao mesmo tempo, as críticas sobre a ética empresarial da organização e seu envolvimento em disputas legais continuam a influenciar a percepção pública sobre o império Trump.

A Trump Organization é muito mais do que um conglomerado imobiliário; é um reflexo da ambição e da capacidade de *branding* de Donald Trump. Embora enfrente desafios e críticas, a empresa permanece como um exemplo notável de como a valorização de uma marca pode moldar e sustentar um império de negócios.

“Uma das marcas registradas da Trump Organization é o foco em luxo, grandiosidade e exclusividade.”

3

Os negócios imobiliários

O nome Donald Trump é sinônimo de grandiosidade, luxo e, acima de tudo, de negociações audaciosas. Desde o começo de sua carreira, ele se destacou pela ambição de transformar empreendimentos imobiliários em verdadeiros ícones culturais e urbanos. A trajetória do magnata no setor imobiliário, iniciada sob a influência de seu pai, Fred Trump, se expandiu da cidade de Nova York para o mundo, graças à sua determinação e sua visão de marketing.

As raízes no mercado imobiliário

Fred Trump especializou-se na construção de habitações acessíveis para a classe trabalhadora durante e após a Grande Depressão. Ele ensinou o filho a valorizar a eficiência e a identificar oportunidades em mercados aparentemente saturados. Observando o pai, Donald aprendeu a negociar com fornecedores, lidar com contratempos legais e maximizar o retorno sobre investimentos.

No entanto, o jovem Trump não queria limitar-se aos subúrbios de Nova York. Ele sonhava em conquistar Manhattan, o centro do luxo e da influência global. Esse desejo o levou a convencer Fred a apoiá-lo em um projeto que marcaria sua entrada triunfal na região.

Trump em Manhattan: o início da jornada

No início da década de 1970, Donald Trump assumiu o controle da empresa da família, que passou a se chamar The Trump Organization. Um de seus primeiros projetos significativos em Manhattan foi a renovação do antigo Hotel Commodore, localizado próximo ao Grand Central Terminal. Em uma parceria com a Hyatt Hotels Corporation, Trump negociou isenções fiscais substanciais e conseguiu transformar o hotel decadente no glamoroso Grand Hyatt New York, que foi inaugurado em 1980. Esse empreendimento não apenas consolidou a presença de Trump em Manhattan, mas também mostrou sua habilidade em articular negociações complexas com o setor público e privado.

O sucesso do Grand Hyatt abriu as portas para projetos ainda mais ambiciosos. Em 1983, Donald concluiu a construção da Trump Tower, um arranha-céu de 58 andares localizado na Quinta Avenida. O edifício rapidamente se tornou um dos endereços mais desejados de Nova York, com apartamentos de luxo, escritórios corporativos e lojas de grife. Além de ser um sucesso financeiro, a Trump Tower consolidou a marca Trump como um símbolo de opulência e exclusividade.

Diversificação e riscos no mercado imobiliário

Ao longo dos anos 1980, Trump expandiu agressivamente seu portfólio imobiliário, adquirindo e desenvolvendo vários empreendimentos em Manhattan, Atlantic City e outras localidades. Em Atlantic City, ele construiu cassinos como o Trump Plaza, o Trump Castle e o icônico Trump Taj Mahal, que, na época de sua inauguração, em 1990, foi considerado "o maior cassino do mundo".

No entanto, essa expansão veio com altos níveis de endividamento. A crise econômica no final dos anos 1980 e as grandes oscilações do mercado imobiliário colocaram Trump em uma posição financeira precária.

Seus cassinos em Atlantic City enfrentaram dívidas crescentes, e ele precisou renegociar contratos com credores para evitar a falência pessoal.

Apesar desses desafios, Trump demonstrou resiliência. Ele vendeu alguns de seus ativos para quitar dívidas, reestruturou sua organização e manteve-se relevante no setor. Sua capacidade de sobreviver a crises financeiras reforçou sua reputação como um negociador habilidoso e um empreendedor obstinado.

Durante os anos 1980 e 1990, Donald Trump consolidou sua reputação como um dos magnatas mais ousados e ambiciosos do setor imobiliário. Foi nesse período que ele construiu e adquiriu propriedades icônicas que se tornaram sinônimos de luxo, exclusividade e grandiosidade. Esses empreendimentos não apenas transformaram a paisagem urbana de Nova York e de outras cidades, mas também moldaram o estilo de negócios e a marca de Trump, posicionando-o como uma figura central na indústria imobiliária global.

Os anos 1980: o surgimento do império Trump

Os anos 1980 marcaram a ascensão de Donald Trump como uma força no setor imobiliário de Nova York. Ele iniciou essa década com uma visão clara: transformar propriedades negligenciadas em empreendimentos de alto luxo que destacassem sua marca.

O Grand Hyatt Hotel (1980)

Um dos primeiros grandes sucessos de Trump foi a renovação do Commodore Hotel, que ele transformou no Grand Hyatt Hotel em parceria com a Hyatt Corporation. Trump negociou incentivos fiscais com a cidade de Nova York para viabilizar o projeto, demonstrando sua habilidade em usar políticas públicas a seu favor. O hotel revitalizou uma área decadente e se tornou um marco de luxo, estabelecendo Trump como um empresário inovador.

Trump Tower (1983)

A Trump Tower, na Quinta Avenida, foi o empreendimento que solidificou sua imagem como um dos maiores desenvolvedores de luxo de Nova

York. O edifício de 58 andares, com apartamentos de alto padrão e um shopping center, atraiu a elite e celebridades, destacando o nome Trump como sinônimo de prestígio. A Trump Tower foi um modelo para outros empreendimentos futuros e se tornou a sede da Trump Organization.

Cassinos em Atlantic City

Ainda nos anos 1980, Trump diversificou seus negócios ao entrar no setor de cassinos, inaugurando o Trump Plaza (1984) e o Trump Taj Mahal (1990), que ele descreveu como o "a oitava maravilha do mundo" devido à sua grandiosidade. Embora esses empreendimentos inicialmente tenham gerado grande publicidade, eles também marcaram o início de desafios financeiros significativos.

Os anos 1990: expansão e crises

Nos anos 1990, Donald Trump enfrentou altos e baixos em sua carreira imobiliária. Enquanto ele continuava a desenvolver projetos icônicos, o período foi marcado por crises no mercado imobiliário e por dificuldades financeiras causadas por dívidas acumuladas durante a expansão acelerada dos anos 1980.

O Trump International Hotel and Tower (1997)

No final da década de 1990, Trump lançou o Trump International Hotel and Tower, um projeto que combinava residências e um hotel de luxo. Localizado no antigo Edifício Gulf & Western, perto do Central Park, em Nova York, o empreendimento simbolizou a recuperação de Trump após os desafios financeiros. O lançamento foi bem recebido e reforçou a ideia de que o nome Trump ainda era um atrativo no mercado de luxo.

Os empreendimentos imobiliários das décadas de 1980 e 1990 tiveram um impacto profundo nos negócios e na marca de Donald Trump:

1. **Construção da marca Trump** – Os projetos de Trump nessas décadas consolidaram sua marca como um símbolo de luxo e exclusividade. A estratégia de usar seu nome como parte do *branding* dos empreendimentos foi pioneira e permitiu que ele expandisse sua influência para além do setor imobiliário.

2. **Habilidade em negociações** – Trump demonstrou uma habilidade notável para negociar com governos, bancos e investidores. Ele garantiu incentivos fiscais, financiamentos favoráveis e parcerias estratégicas que viabilizaram empreendimentos de grande escala.
3. **Resiliência e recuperação** – Apesar dos desafios financeiros, Trump mostrou resiliência ao renegociar dívidas e preservar sua marca. Ele usou sua personalidade pública e presença na mídia para manter a relevância, mesmo em tempos de dificuldades.
4. **Diversificação de negócios** – As incursões no setor de cassinos e hotelaria ampliaram os horizontes da Trump Organization. Embora nem todos os empreendimentos tenham sido bem-sucedidos, eles demonstraram a disposição de Trump de explorar novos mercados.

O impacto da crise imobiliária de 2008 nos negócios de Donald Trump

A crise imobiliária de 2008, desencadeada pelo estouro da bolha do mercado de hipotecas nos Estados Unidos, foi um dos eventos econômicos mais devastadores do século XXI. Seus efeitos reverberaram por toda a economia global, levando à falência de instituições financeiras, ao colapso do mercado imobiliário e a uma recessão econômica generalizada. Donald Trump, cujo império empresarial está profundamente enraizado no setor imobiliário, enfrentou desafios significativos durante esse período.

O contexto da crise

Antes de 2008, o setor imobiliário estava em um período de expansão acelerada, alimentado por crédito fácil e preços em alta. A Trump Organization, conhecida por seus empreendimentos de luxo, estava em plena atividade, com projetos ambiciosos em desenvolvimento nos Estados Unidos e no exterior. Trump estava envolvido em uma variedade de negócios, incluindo propriedades residenciais e comerciais, hotéis, campos de golfe e empreendimentos licenciados com seu nome.

No entanto, quando o mercado imobiliário entrou em colapso, os preços das propriedades despencaram, dificultando muito a obtenção de crédito. Isso afetou profundamente as empresas do ramo, como a Trump Organization, que dependiam de financiamento para concluir projetos em andamento e manter suas operações.

O impacto direto da crise

A crise expôs algumas vulnerabilidades no modelo de negócios de Trump:

1. **Desvalorização de propriedades** – Projetos de luxo localizados em áreas atingidas pela crise, como Las Vegas e Miami, enfrentaram uma queda significativa na demanda. O Trump International Hotel and Tower em Las Vegas, por exemplo, foi afetado pela desvalorização do mercado e pela diminuição do interesse dos compradores em propriedades de alto padrão.
2. **Dificuldades de financiamento** – A escassez de crédito no mercado limitou a capacidade da Trump Organization de financiar novos projetos e refinanciar dívidas existentes. Isso culminou em uma pressão adicional sobre a liquidez da empresa.
3. **Litígios e projetos problemáticos** – Trump enfrentou uma série de litígios relacionados a empreendimentos que não conseguiram cumprir as expectativas. Alguns compradores processaram a organização devido à falta de entrega de unidades prometidas ou à desvalorização significativa das propriedades.

Como Donald Trump administrou a crise

Apesar dos desafios, Donald Trump conseguiu administrar os impactos da crise imobiliária com uma combinação de estratégias defensivas e ofensivas:

1. **Diversificação de negócios** – Trump já havia diversificado sua receita antes da crise por meio do licenciamento de sua marca em projetos imobiliários de terceiros. Durante o colapso, essa estratégia provou ser uma fonte de receita relativamente estável, pois não envolvia o mesmo nível de risco financeiro que os empreendimentos de propriedade direta.

2. **Negociações com credores** – Uma habilidade notória de Trump é sua capacidade de negociar com credores. Durante a crise, ele renegociou condições de empréstimos e reestruturou dívidas para evitar a falência de projetos importantes. Trump já havia lidado com crises financeiras, como fez nos anos 1990, e aplicou a sua experiência em 2008.
3. **Foco em projetos de longo prazo** – Trump continuou investindo em projetos de longo prazo, como campos de golfe e propriedades internacionais, que poderiam gerar retornos estáveis no futuro. Ele ampliou sua presença em mercados internacionais menos impactados pela crise, como Dubai e Índia, diversificando ainda mais o portfólio da Trump Organization.
4. **Apoio da marca pessoal** – Trump usou sua marca pessoal e sua visibilidade na mídia para manter a relevância de seus negócios. Ele continuou promovendo sua imagem de sucesso e resiliência, o que ajudou a sustentar o interesse de investidores e parceiros.

Embora tenha enfrentado desafios significativos durante a crise de 2008, a Trump Organization conseguiu evitar o colapso total devido à diversificação de negócios, às renegociações estratégicas e ao poder da marca Trump. Essa resiliência é uma das características marcantes do estilo de negócios de Donald Trump, que sempre enfatizou a importância de aproveitar oportunidades, mesmo em tempos de adversidade.

A crise imobiliária desestabilizou temporariamente os negócios de Trump, mas também reafirmou sua capacidade de navegar por águas turbulentas. Ele usou a crise como uma oportunidade para aprender, fortalecer sua marca e expandir sua presença global. Para empreendedores, sua experiência oferece lições valiosas sobre resiliência, diversificação de receita e a importância de se adaptar rapidamente às mudanças econômicas.

Apesar das controvérsias que cercam sua figura pública, Trump demonstrou que, mesmo em meio a crises devastadoras, é possível proteger e até fortalecer um império empresarial por meio de estratégias bem pensadas e ações decisivas.

A marca Trump: estratégia agressiva

Nos anos 1990 e 2000, Donald Trump mudou o foco de sua estratégia empresarial. Além de continuar investindo em propriedades imobiliárias, ele expandiu sua marca para outras áreas. Licenciar o nome Trump tornou-se uma fonte lucrativa de receita, permitindo que ele obtivesse royalties sem os riscos associados ao desenvolvimento direto de empreendimentos.

De edifícios residenciais e comerciais a campos de golfe, hotéis e produtos de consumo, como água engarrafada e gravatas, o nome Trump tornou-se sinônimo de luxo e exclusividade. Essa estratégia de licenciamento permitiu que ele ampliasse sua presença global, com propriedades carregando sua marca em cidades como Las Vegas, Chicago, Toronto e Dubai.

Um dos projetos mais notáveis desse período foi o Trump International Hotel and Tower, uma série de edifícios de luxo em locais privilegiados ao redor do mundo. Esses empreendimentos combinaram design sofisticado, localizações estratégicas e uma experiência *premium* para os clientes, reforçando a imagem global da marca Trump.

Desafios e controvérsias

A carreira imobiliária de Donald Trump não se manteve isenta de controvérsias. Ele enfrentou processos legais e críticas sobre a viabilidade financeira de alguns de seus projetos. Além disso, a construção de seus empreendimentos muitas vezes envolveu batalhas legais com comunidades locais, concorrentes e reguladores.

No entanto, Trump sempre soube transformar a controvérsia em publicidade. Ele reconhecia o valor de manter seu nome nos holofotes e sabia como usar a mídia a seu favor. Sua habilidade de manipular a narrativa pública foi uma das chaves para sua permanência no topo por décadas.

Os negócios imobiliários durante e após a presidência

Durante seu primeiro mandato, de 2017 a 2021, Donald Trump afastou-se da gestão direta da Trump Organization, transferindo o controle para seus filhos, Donald Jr. e Eric Trump. No entanto, sua marca permaneceu sob os holofotes, especialmente em relação a conflitos de interesse e ao uso de suas propriedades por governos estrangeiros e entidades corporativas.

Após deixar a Casa Branca, em 2021, Trump voltou a se concentrar em seus negócios imobiliários. Ele retomou projetos de expansão e diversificação, com foco em mercados internacionais e propriedades residenciais de luxo. Além disso, continuou a promover seu nome como uma marca global, explorando novas oportunidades em setores emergentes, como energias renováveis e tecnologia imobiliária.

Ainda hoje, o império imobiliário de Trump continua a ser um dos mais reconhecidos no mundo. Apesar das críticas e desafios, sua marca o torna uma figura central no setor, provando que sua combinação de ambição, resiliência e senso de oportunidade ainda é eficaz.

Com a sua segunda vitória na corrida presidencial, ao retornar à Casa Branca em janeiro de 2025, Trump voltou a se afastar da linha de frente da condução de seus negócios, delegando aos seus filhos o papel de protagonistas na administração da Trump Organization e até mesmo da marca Trump. Os planos de negócios seguirão conforme a orientação de Donald Trump, mas a transição de poder nos negócios da família dará mais um passo importante, com o segundo mandato de Trump como presidente dos Estados Unidos.

Os negócios imobiliários de Donald Trump são uma parte fundamental de sua identidade e de sua história. Desde os primeiros projetos no Queens até os empreendimentos globais que carregam seu nome, Trump demonstrou uma habilidade inigualável para transformar desafios em oportunidades. Seu legado no setor imobiliário reflete sua ambição incansável e sua capacidade de vislumbrar o extraordinário onde outros veem o comum.

Embora seu estilo de liderança e suas estratégias muitas vezes sejam alvo de polêmicas, os resultados que Donald Trump alcançou em sua carreira empreendedora são inegáveis.

Os empreendimentos imobiliários de Trump são inegavelmente icônicos e já se tornaram parte da vida de milhares de pessoas em todo o mundo. Além dos mais conhecidos mundialmente, como a Trump Tower, podemos destacar alguns que se tornaram parte do portfólio de luxo e da marca de Donald Trump:

- **Mar-a-Lago** – A mansão de 126 quartos em Palm Beach, Flórida, foi adquirida por Trump em 1985. Originalmente construída por Marjorie Merriweather Post, a propriedade foi transformada em um clube privado, e uma parte foi mantida como residência pessoal de Trump. Mar-a-Lago se tornou um local de reuniões para a elite e ganhou notoriedade adicional durante sua primeira passagem pela presidência dos Estados Unidos.
- **Trump National Doral Miami** – Adquirido em 2012, esse resort de golfe em Miami passou por uma extensa renovação para restaurar seu status como um dos principais destinos de golfe nos Estados Unidos. Com vários campos de golfe de campeonato, o Doral hospeda torneios de golfe de prestígio e é a peça central do portfólio de resorts de Trump.
- **Trump Entertainment Resorts** – Nos anos 1990, Trump expandiu seu portfólio para incluir cassinos em Atlantic City, com destaque para o Taj Mahal Casino, que na época de sua inauguração foi anunciado como "a oitava maravilha do mundo". O empreendimento enfrentou dificuldades financeiras logo após a abertura, resultando em várias falências ao longo dos anos. Os desafios enfrentados em Atlantic City não abalaram o espírito empreendedor de Trump, mas serviram de lição sobre os riscos inerentes a empreendimentos de grande escala.
- **Trump SoHo** – Esse hotel-condomínio de luxo em Manhattan, inaugurado em 2010, foi desenvolvido em parceria com a The Sapir Organization e a Bayrock Group. Com 46 andares, o projeto enfrentou controvérsias legais e desafios de vendas, mas ainda assim se destaca pelo seu design moderno e localização privilegiada.
- **Trump Winery** – Localizada em Charlottesville, Virgínia, a propriedade foi adquirida por Trump em 2011. A vinícola, que afirma ser a maior da Virgínia, produz uma variedade de vinhos e se transformou em um destino turístico, oferecendo degustações e eventos especiais.

- **Trump International Golf Links, Scotland** – Esse campo de golfe de campeonato, localizado em Aberdeenshire, Escócia, foi inaugurado em 2012. Apesar das controvérsias ambientais e políticas, o campo é frequentemente elogiado por sua beleza e design desafiador.

Trump International Golf Links. Campo de golfe inaugurado em 2012 - Aberdeenshire, Escócia.

Esses empreendimentos representam apenas uma parte do diversificado portfólio de Donald Trump, que inclui hotéis, campos de golfe, edifícios residenciais, entre outros. A abordagem de Trump nos negócios imobiliários é caracterizada por uma combinação de *branding* agressivo, busca por localização *premium* e uma visão de luxo que permeia cada projeto. Essa estratégia não apenas solidificou sua reputação como magnata imobiliário, mas também desempenhou um papel crucial em sua imagem pública e, eventualmente, em sua carreira política.

Empreendimentos de Donald Trump no Brasil

Dentro da política de parcerias internacionais e licenciamento da marca Trump, a Trump Organization firmou parcerias com grupos brasileiros para lançar na cidade do Rio de Janeiro alguns empreendimentos imobiliários com o luxo e a grandiosidade da marca Trump.

Entre os projetos mais notáveis estavam o Trump Hotel Rio de Janeiro e o complexo Trump Towers Rio. No entanto, ambos enfrentaram problemas importantes que acabaram por inviabilizar a sua concretização.

Trump Towers Rio

Anunciado em dezembro de 2012, o Trump Towers Rio era um projeto grandioso que previa a construção de cinco torres de 38 andares cada, totalizando 150 metros de altura, na zona portuária do Rio de Janeiro, na área conhecida como "Porto Maravilha". O complexo seria o maior conjunto de escritórios do Brasil, com uma área total de 450 mil metros quadrados. A proposta incluía espaços comerciais, restaurantes e serviços integrados a um *boulevard* para pedestres.

Contudo, o projeto enfrentou diversos obstáculos desde o início. A crise econômica que assolou o Brasil na época gerou desconfiança entre potenciais investidores e clientes, resultando em baixa adesão ao empreendimento. Além disso, questões burocráticas e a falta de licenças necessárias atrasaram o início das obras, que nunca aconteceram.

Trump Hotel Rio de Janeiro

Outro empreendimento planejado foi o Trump Hotel Rio de Janeiro, anunciado em 2014. Localizado na Barra da Tijuca, o hotel de luxo contaria com 171 quartos e seria o primeiro da marca Trump na América do Sul. A inauguração estava prevista para os Jogos Olímpicos de 2016.

Apesar dos esforços para concluir o hotel a tempo, a construção enfrentou atrasos significativos. Quando parcialmente inaugurado, em agosto de 2016, apenas quatro dos treze andares estavam operacionais, com o restante do edifício ainda inacabado. Problemas financeiros e de gestão contribuíram para a situação. Posteriormente, o empreendimento foi alvo de investigações do Ministério Público Federal, que apurava possíveis fraudes envolvendo fundos de pensão estatais que investiram no projeto.

Diversos fatores contribuíram para o insucesso desses empreendimentos no Rio de Janeiro:

1. **Crise econômica** – A instabilidade econômica no Brasil durante o período desestimulou investidores e reduziu a demanda por novos espaços comerciais e hoteleiros.
2. **Burocracia e atrasos** – A complexidade burocrática e a demora na obtenção de licenças impediram o avanço das construções conforme o cronograma inicial.
3. **Problemas de gestão** – Falhas na administração dos projetos resultaram em atrasos e na entrega de edificações inacabadas, comprometendo a reputação dos empreendimentos.
4. **Investigações legais** – As suspeitas de corrupção e fraudes financeiras afastaram potenciais investidores e clientes, além de denegrir a imagem dos projetos.

Em suma, embora os empreendimentos de Donald Trump no Rio de Janeiro tenham sido concebidos com grande ambição, uma combinação de fatores econômicos, burocráticos e legais impediu que eles alcançassem o sucesso esperado. Esses casos ilustram os desafios complexos que grandes projetos imobiliários podem enfrentar, especialmente em ambientes econômicos e políticos instáveis, como no Brasil.

“

Durante os anos 1980 e 1990,
Donald Trump consolidou
sua reputação como um
dos magnatas mais
ousados e ambiciosos
do setor imobiliário.

”

4

Trump Tower: um marco de luxo e poder

A Trump Tower, situada na icônica Quinta Avenida em Nova York, não é apenas um edifício. Para Donald Trump, ela simboliza o auge de sua visão empresarial, um marco que consolidou seu nome como sinônimo de luxo, ambição e poder. Desde sua concepção até sua realização, a história por trás da Trump Tower reflete a habilidade de Trump de identificar oportunidades, negociar sob pressão e transformar um sonho grandioso em uma realidade impressionante.

Um dos empreendimentos mais icônicos de Donald Trump, o arranha-céu representa a consolidação de sua visão ambiciosa no mercado imobiliário de luxo. Erguido no coração de Manhattan, na Quinta Avenida, esse projeto marcou o início de sua expansão para empreendimentos grandiosos que combinam elegância, exclusividade e inovação. Mas como surgiu a ideia para uma obra monumental? Como Trump conduziu as negociações e viabilizou sua construção?

A ideia e a negociação

Em meados da década de 1970, Donald Trump já era conhecido como um jovem empreendedor promissor. Ele estava envolvido nos negócios imobiliários de sua família, cujos empreendimentos se concentravam em projetos de habitação popular no Brooklyn e Queens. Entretanto, Trump era ambicioso e buscava algo maior. Ele viu uma oportunidade no local onde ficava a loja de departamentos Bonwit Teller, um prédio antigo e pouco eficiente na Quinta Avenida. Trump visualizou o potencial daquele terreno para instalar um arranha-céu de luxo que atraísse os clientes mais sofisticados e se tornasse um marco arquitetônico.

Donald Trump em 1980, com uma maquete da Trump Tower.

A negociação para adquirir a área foi complexa e envolveu múltiplas partes, incluindo a proprietária do imóvel, a Genesco Corporation, e o governo da cidade de Nova York. Trump usou sua habilidade de persuasão e sua experiência em lidar com situações legais e burocráticas para garantir o controle do local. Um dos seus principais trunfos foi negociar uma parceria com a Equitable Life Assurance Society, que forneceu o financiamento para o projeto em troca de uma participação nos lucros futuros.

Negociações e aquisição do terreno

Adquirir o terreno foi um dos desafios mais complexos do projeto. Trump conduziu negociações agressivas e, em 1979, conseguiu comprar o terreno por aproximadamente US$ 15 milhões, abaixo do que muitos esperavam, devido às condições financeiras da empresa que era proprietária do terreno.

Além do terreno, Trump precisava negociar a aquisição de direitos aéreos de propriedades vizinhas para garantir que o edifício tivesse a altura desejada. Ele fechou acordos com donos de terrenos próximos, expandindo os limites de construção e permitindo que a Trump Tower atingisse 58 andares, o que a tornaria uma das construções mais altas e luxuosas de Manhattan.

Licenças e planejamento

A construção de um edifício tão ambicioso em uma área tão visada não foi simples. Trump precisou lidar com longos processos de licenciamento e regulamentações municipais. Para obter as permissões necessárias, ele contratou especialistas em direito imobiliário e urbanismo que o ajudaram a superar as barreiras legais.

Um aspecto polêmico foi a demolição da antiga loja Bonwit Teller. Trump enfrentou críticas ao descartar alguns dos detalhes arquitetônicos do prédio histórico, como esculturas de mármore que haviam sido prometidas ao Metropolitan Museum of Art. A decisão gerou controvérsia, mas Trump argumentou que a remoção era necessária para manter o cronograma e o orçamento.

O investimento e a construção

O custo total do projeto foi estimado em aproximadamente US$ 200 milhões – uma soma considerável para a época. Trump estava determinado a criar algo que transcendesse os padrões convencionais de luxo. Ele contratou o arquiteto Der Scutt e sua equipe para projetar uma estrutura que combinasse funcionalidade e elegância. O resultado foi um edifício de 58 andares, com uma fachada de vidro espelhado e um interior adornado com mármores italianos e detalhes dourados.

Capital e financiamento

O financiamento da Trump Tower envolveu uma combinação de recursos próprios e empréstimos bancários. Trump conseguiu um financiamento inicial substancial do Chase Manhattan Bank – que foi atraído pelo potencial do projeto e pela localização privilegiada –, e também utilizou parte da riqueza acumulada nos empreendimentos imobiliários de sua família.

O orçamento do projeto incluía custos de construção, licenciamento e acabamentos de luxo. Para atrair compradores e investidores, Trump apostou em diferenciais do mercado: os apartamentos seriam construídos com acabamentos em mármore, ouro e materiais de altíssimo padrão, atraindo uma clientela de elite.

A construção e o sucesso

A construção da Trump Tower, finalizada em 1983, entregou à cidade de Nova York não só um edifício, mas um marco visual em Manhattan. Cada ambiente foi projetado para impressionar: da entrada suntuosa, com um átrio interno adornado por cascatas de água e detalhes em mármore rosa, até sua cobertura triplex opulenta.

Desde sua inauguração, a Trump Tower foi um sucesso. Os espaços comerciais nos andares inferiores atraíram marcas de luxo e geraram receitas significativas. Os apartamentos residenciais foram vendidos rapidamente por valores exorbitantes. Muitos dos compradores eram celebridades e empresários milionários. Além disso, os espaços comerciais nos andares inferiores abrigaram lojas de grife e restaurantes de alto padrão, consolidando a reputação do edifício como um dos endereços mais cobiçados de Nova York.

O retorno financeiro foi impressionante. Os apartamentos de luxo geraram receitas estimadas em mais de US$ 240 milhões, enquanto os aluguéis comerciais continuaram a fornecer uma fonte constante de renda para a Trump Organization. A torre rapidamente se pagou e passou a gerar lucros substanciais, solidificando a posição de Donald Trump como um dos principais nomes no mercado imobiliário de Nova York.

A importância da Trump Tower para o marketing de Donald Trump

A Trump Tower desempenhou um papel crucial na construção da marca Trump. Mais do que um simples empreendimento imobiliário, ela se tornou uma vitrine para o estilo de vida luxuoso que Trump promovia. O magnata não apenas construiu o prédio, mas fez dele uma extensão de sua própria personalidade.

A torre também foi frequentemente usada como cenário para eventos midiáticos, incluindo entrevistas, lançamentos de produtos e, mais tarde, como a sede de sua campanha presidencial. Cada aparição na Trump Tower reforçava a ideia de que Trump era um homem de sucesso, estilo e poder.

A construção também foi fundamental para estabelecer o conceito de "licenciamento da marca Trump". O sucesso da torre abriu caminho para que Donald Trump expandisse sua influência global, licenciando seu nome para edifícios e projetos em diversas cidades ao redor do mundo. A marca "Trump" passou a ser associada com qualidade, luxo e exclusividade.

Um marco de luxo e exclusividade

A Trump Tower foi projetada para ser uma referência de sofisticação. O edifício destacava-se pela fachada de vidro espelhado e interiores revestidos de mármore rosa, além de cascatas internas que impressionavam visitantes e compradores. Desde o início, Trump posicionou a torre como um símbolo de opulência, atraindo um público seleto e disposto a pagar altos valores por essa exclusividade.

Os apartamentos residenciais da Trump Tower rapidamente se tornaram um dos endereços mais desejados de Nova York. Celebridades, empresários e investidores do mundo todo disputaram as unidades, gerando lucros impressionantes para Trump. Os preços dos apartamentos foram consistentemente superiores à média do mercado, consolidando a reputação da torre como um símbolo de sucesso.

A torre não foi apenas uma fonte de receita direta. O prestígio associado à propriedade permitiu que Trump aumentasse o valor de seus outros ativos. Bancos e investidores começaram a ver Trump como um desenvolvedor confiável e visionário, facilitando o acesso a financiamentos para futuros projetos.

Além disso, a Trump Tower gerou um fluxo constante de receita com a locação de escritórios e lojas. Grandes marcas e empresas escolheram a torre como sede, reforçando sua imagem como um centro de negócios de alto padrão.

A Trump Tower como ferramenta de *branding*

A Trump Tower desempenhou um papel central na criação e expansão da marca Trump. Donald Trump usou a propriedade como um cartão de visitas para demonstrar sua visão de negócios e seu compromisso com a excelência. A associação entre seu nome e a torre tornou-se um ativo intangível valioso, permitindo que ele licenciasse a marca Trump para outros projetos ao redor do mundo.

Além disso, a Trump Tower serviu como cenário para diversos eventos e produções, incluindo o *reality show* "The Apprentice" ("O Aprendiz", no Brasil). A série não apenas reforçou a imagem de Trump como um empreendedor bem-sucedido, mas também trouxe visibilidade global para o magnata e a Trump Tower.

Impacto duradouro na fortuna de Trump

Embora a Trump Tower tenha enfrentado desafios ao longo dos anos, incluindo flutuações no mercado imobiliário e críticas relacionadas à associação de Trump com a política, ela continua sendo um dos ativos mais valiosos de sua organização. Estimativas recentes colocam o valor da propriedade em centenas de milhões de dólares.

A Trump Tower foi um divisor de águas na carreira de Donald Trump. Ela não apenas consolidou sua posição como um dos principais *players* no mercado imobiliário de Nova York, mas também desempenhou um papel crucial na criação de sua marca global. O impacto financeiro e simbólico da Trump Tower na fortuna de Trump é inegável, servindo como um marco de seu legado nos negócios. Combinando visão, estratégia e marketing, a Trump Tower exemplifica como um único projeto pode transformar a trajetória de um empreendedor.

A torre não foi apenas um marco arquitetônico e empresarial, mas também desempenhou um papel significativo na expansão da fortuna de Donald Trump. Além dos lucros diretos gerados pelo edifício, ela aumentou o valor percebido de todos os empreendimentos associados à marca Trump. Sua localização privilegiada e seu design icônico garantiram que ela continuasse a ser uma fonte de renda e um ativo valioso ao longo das décadas.

O impacto também foi indireto. O sucesso da Trump Tower deu a Trump a credibilidade e o capital necessários para assumir projetos ainda maiores, como o Trump International Hotel and Tower e o Trump World Tower. O prestígio associado ao edifício atraiu investidores e parceiros para outros empreendimentos de sua organização.

A Trump Tower não apenas consolidou Donald Trump como uma figura dominante no mercado imobiliário de Nova York, mas também se tornou a base de sua marca global. O edifício simboliza sua habilidade de identificar oportunidades, negociar de forma estratégica e executar projetos que combinam luxo e inovação. Ainda hoje a Trump Tower permanece como um ícone da Quinta Avenida e uma prova concreta do estilo ousado e grandioso que define a carreira de Donald Trump.

“A construção da Trump Tower,
finalizada em 1983, entregou
à cidade de Nova York
não só um edifício,
mas um marco visual
em Manhattan.”

5

O sucesso de "O Aprendiz" e seu impacto na trajetória de Donald Trump

Em 2004, Donald Trump já era um nome estabelecido no mundo dos negócios e do mercado imobiliário, mas foi por meio do programa de televisão "O Aprendiz" que ele se tornou uma figura icônica da cultura pop global. O *reality show*, que combinava competição, drama e estratégia empresarial, marcou uma nova fase na carreira de Trump, ampliando sua influência e gerando um impacto significativo tanto em sua imagem quanto em seus negócios.

A concepção do programa

"O Aprendiz" foi idealizado pelo produtor Mark Burnett, que já tinha experiência em *reality shows* de sucesso, como "Survivor". Burnett viu em Donald Trump a personificação do sucesso empresarial americano: um empresário carismático, confiante e polarizador. A proposta era simples:

reunir candidatos ambiciosos competindo por uma oportunidade de trabalhar diretamente com Trump em um de seus empreendimentos.

A premissa do programa era clara e poderosa. A cada episódio, os participantes enfrentavam desafios que testavam suas habilidades de liderança, criatividade e negociação, enquanto Trump desempenhava o papel de mentor e juiz. Sua famosa frase "You're fired!" ("Você está demitido!") se tornou um bordão instantaneamente reconhecível, imortalizando sua figura como a última autoridade em decisões empresariais.

O programa "The Apprentice" (O Aprendiz) estreou em 2004 pela rede de televisão NBC e ficou no ar até 2017.

Os episódios de "O Aprendiz" e a participação de Donald Trump

O *reality show* "O Aprendiz", que estreou em 2004 e esteve no ar até 2017 nos Estados Unidos pela rede de televisão NBC, foi mais do que um programa de televisão; foi um veículo que solidificou a imagem de Donald Trump como um dos maiores nomes do mundo corporativo. O sucesso do programa foi tamanho que ele foi vendido para canais em dezenas de países, incluindo o Brasil. O sucesso também propiciou o licenciamento da marca e do formato do programa para emissoras de outros países. No

Brasil, a versão local foi protagonizada inicialmente pelo empresário Roberto Justus, que adotou o "bordão" de Trump, em português: "Você está demitido". Posteriormente, o programa passou a ser protagonizado pelo empresário João Dória.

Combinando competição e educação empresarial, os episódios eram meticulosamente planejados para entreter o público enquanto destacavam as habilidades e o estilo de liderança de Trump.

A ideia central: o desafio empresarial

Cada episódio do programa "The Apprentice" girava em torno de um desafio empresarial, projetado para testar as habilidades dos participantes em áreas como marketing, vendas, liderança e criatividade. Os produtores do programa, liderados por Mark Burnett, desenvolviam os conceitos centrais de cada tarefa, muitas vezes em colaboração com Donald Trump.

Trump desempenhava um papel ativo na definição dos desafios, garantindo que fossem realistas e refletissem situações enfrentadas por empresas de verdade. Ele também fazia questão de que as tarefas fossem alinhadas aos princípios que ele acreditava serem cruciais para o sucesso nos negócios: inovação, tomada de decisão rápida e foco nos resultados.

Integração de patrocinadores

Uma característica marcante do *reality* era a inclusão de grandes marcas nas tarefas dos participantes. Empresas como Burger King, Pepsi e Kodak patrocinavam desafios que envolviam a criação de campanhas publicitárias, o desenvolvimento de novos produtos ou estratégias de vendas. Trump e sua equipe participavam das negociações com os patrocinadores, garantindo que as marcas se beneficiassem da exposição, enquanto os desafios mantinham relevância e interesse para o público.

O papel de Donald Trump na criação dos episódios

Embora a equipe de produção fosse responsável pelos detalhes técnicos, Donald Trump tinha a palavra final sobre muitos aspectos do programa. Ele revisava os roteiros preliminares de cada episódio, sugerindo ajustes nas tarefas ou nas interações com os participantes.

Trump fazia questão de que os episódios transmitissem lições de negócios práticas e frequentemente adicionava ideias baseadas em sua experiência pessoal. Essa abordagem não apenas reforçava a autenticidade do programa, mas também fortalecia sua própria imagem como um mentor e líder de negócios.

Além disso, Trump insistia que cada tarefa e episódio destacasse o prestígio de sua marca. Locais icônicos, como a Trump Tower, eram frequentemente usados como cenários, e elementos do estilo de vida de luxo associado a ele eram integrados ao programa.

Donald Trump teve uma participação ativa na criação das tarefas semanais que os competidores enfrentavam. Ele colaborava com os produtores para garantir que os desafios fossem relevantes, práticos e, muitas vezes, conectados às suas próprias experiências nos negócios. Por exemplo, tarefas como desenvolver campanhas de marketing para marcas renomadas ou vender produtos nas ruas eram inspiradas por situações reais enfrentadas por Trump ao longo de sua carreira.

Trump também tinha uma influência direta na narrativa do programa. Ele revisava roteiros, ajudava a decidir como os competidores seriam apresentados e moldava os temas de cada episódio para manter o público engajado. Ele queria que o programa não apenas divertisse, mas também inspirasse e educasse aspirantes a empreendedores.

Donald Trump desempenhava um papel central em cada episódio de "O Aprendiz", aparecendo como autoridade máxima. Sua presença era cuidadosamente estruturada para maximizar seu impacto.

A introdução da tarefa

Cada episódio começava com Trump apresentando o desafio aos participantes, geralmente acompanhado por executivos de sua equipe ou representantes das marcas patrocinadoras. Ele explicava os objetivos da tarefa e frequentemente oferecia conselhos sobre o que considerava essencial para o sucesso.

Trump usava esse momento para demonstrar sua experiência e conhecimento, estabelecendo-se como uma figura de autoridade. A introdução era sempre feita de forma direta e confiante, reforçando sua personalidade como líder decisivo.

Observações e *feedback*

Durante as tarefas, Trump raramente participava diretamente, mas recebia atualizações de seus conselheiros, que observavam o desempenho das equipes. Esses conselheiros, frequentemente executivos de confiança ou membros de sua família, como Ivanka Trump e Donald Trump Jr., reportavam os sucessos e falhas de cada equipe.

Trump analisava essas informações antes de entrar na sala de reuniões, garantindo que estivesse preparado para questionar os participantes e conduzir as discussões de forma estratégica.

A sala de reuniões

A "sala de reuniões" era o momento mais icônico de cada episódio. Trump assumia o comando absoluto, ouvindo atentamente os argumentos dos participantes, mas também impondo sua própria visão. Ele fazia perguntas incisivas e frequentemente usava esse espaço para compartilhar lições de negócios ou histórias pessoais.

Trump foi peça-chave na criação desse segmento. Ele acreditava que a sala deveria refletir um ambiente real de tomada de decisões nos negócios. Nesse cenário, ele exercia o papel de mentor e juiz, avaliando as performances dos competidores com base em sua experiência.

Trump era conhecido por suas observações afiadas e decisões imprevisíveis, que mantinham os competidores em suspense e os espectadores atentos.

Com base em sua avaliação do desempenho de cada participante, ele escolhia quem seria eliminado, sempre garantindo que sua decisão fosse fundamentada e, ao mesmo tempo, teatral o suficiente para manter o público engajado.

O impacto da participação de Trump

A participação ativa de Donald Trump na concepção e condução dos episódios foi essencial para o sucesso de "O Aprendiz". Ele não era apenas um apresentador; era a personificação do programa. Seu estilo de liderança, suas frases de efeito e sua abordagem direta criaram uma conexão única com o público.

Donald Trump na sala de reuniões do programa "O Aprendiz", onde Trump avaliava os aprendizes e decidia quem seria "demitido".

Trump usou o programa como uma plataforma para reforçar sua marca e expandir sua influência. Ele mostrou ao público não apenas como liderava nos negócios, mas também como transformava situações desafiadoras em oportunidades. Essa imagem foi crucial para sua transição da TV para a política.

Os episódios de "O Aprendiz" eram mais do que simples competições; eram uma vitrine da filosofia empresarial de Donald Trump. Sua participação garantiu que o programa fosse autêntico e cativante. Ao alinhar os desafios ao seu estilo de liderança e integrar elementos de sua marca, Trump transformou o programa em um fenômeno cultural e em um trampolim para sua carreira política.

O efeito na imagem de Trump

Antes de "O Aprendiz", Donald Trump já era amplamente conhecido por seus empreendimentos imobiliários e por sua presença midiática. Contudo, o programa o transformou em algo mais: um ícone cultural. Com audiências que chegavam a dezenas de milhões de espectadores por episódio, Trump passou a ser visto como o exemplo ideal de um empreendedor de sucesso.

O programa ajudou a suavizar aspectos de sua personalidade que, até então, eram considerados controversos. Ele era firme, mas justo; exigente, mas disposto a reconhecer o talento e o esforço. Essa representação reforçou sua credibilidade no mundo dos negócios e fez com que ele fosse admirado por pessoas de todas as idades e classes sociais.

O retorno financeiro de "O Aprendiz"

O sucesso de "O Aprendiz" também foi significativo do ponto de vista financeiro. Donald Trump, além de receber um generoso salário como apresentador, também lucrava indiretamente com o aumento do valor de sua marca. Estima-se que ele tenha recebido inicialmente cerca de US$ 50 mil por episódio, valor que subiu para mais de US$ 3 milhões por episódio em temporadas posteriores, consolidando-o como um dos apresentadores mais bem pagos da TV americana.

Além disso, o programa gerou receitas significativas por meio de merchandising, patrocínios e produtos licenciados. A exibição global do show também ajudou a expandir a marca Trump internacionalmente, atraindo investidores e parceiros de diversos países.

A influência no mundo dos negócios

"O Aprendiz" não foi apenas entretenimento; foi também uma aula de negócios. O programa popularizou conceitos como *networking*, negociação e gestão de crises, inspirando uma geração de empreendedores e líderes. Cada episódio apresentava situações reais enfrentadas por empresas, como lançamento de produtos, campanhas de marketing e administração de equipes.

Para Trump, "O Aprendiz" foi uma vitrine para seu estilo de liderança. Ele demonstrava como identificar talentos, tomar decisões rápidas e calcular riscos. Ao mesmo tempo, usava o programa para promover seus empreendimentos, com tarefas que frequentemente envolviam produtos e serviços ligados à Trump Organization.

A importância do programa na carreira de Trump

"O Aprendiz" foi um divisor de águas na carreira de Donald Trump. Até então, ele era conhecido principalmente no mundo empresarial e imobiliário, mas o programa ampliou seu apelo, tornando-o uma figura política e cultural relevante. O show consolidou sua reputação como um líder capaz de tomar decisões difíceis, um atributo que mais tarde seria fundamental em sua campanha presidencial.

O programa também contribuiu para fortalecer sua habilidade de se conectar com o público. Trump usou a plataforma para demonstrar empatia pelos esforços dos participantes, ao mesmo tempo em que reforçava sua imagem de autoridade.

Lições de negócios em "O Aprendiz"

Donald Trump não foi apenas o apresentador de "O Aprendiz", mas também o mentor que, episódio após episódio, transmitia valiosas lições de negócios. O programa, que estreou em 2004, tornou-se um fenômeno não apenas por sua abordagem inovadora, mas também pela forma como misturava entretenimento com princípios fundamentais de empreendedorismo. Trump usou o show para compartilhar sua visão de negócios, inspirar empreendedores e demonstrar na prática os desafios do mundo corporativo. Além disso, sua própria decisão de abraçar o projeto de "O Aprendiz" revela importantes ensinamentos sobre identificar oportunidades e construir marcas pessoais.

1. **A importância dos resultados** – No programa, Trump destacava que, em negócios, o que realmente importa são os resultados. Cada tarefa dada aos participantes girava em torno de gerar lucro, atrair clientes ou entregar um projeto de valor. Isso ensinava aos empreendedores que, embora criatividade e esforço sejam importantes, o sucesso é medido pelos resultados tangíveis.

2. **Trabalho em equipe e liderança** – "O Aprendiz" frequentemente colocava os participantes em equipes, destacando a importância de trabalhar bem com outras pessoas, independentemente das diferenças de personalidade. Trump enfatizava que um bom

líder sabe delegar, motivar e tomar decisões difíceis para o bem do grupo. Esse tipo de liderança, segundo ele, é fundamental para alcançar o sucesso.

3. **Resiliência e adaptação** – Os desafios impostos no programa eram intencionalmente difíceis e, muitas vezes, imprevisíveis. Trump ensinava que a habilidade de se adaptar rapidamente às mudanças e aprender com os erros é crucial para qualquer empreendedor. A frase "Você está demitido!" funcionava como um lembrete de que, no mundo real, falhas podem custar caro, mas também oferecem oportunidades de aprendizado.

4. **Venda e comunicação** – Um dos focos recorrentes do programa era a habilidade de vender ideias, produtos e até a própria imagem. Trump frequentemente mencionava que um empreendedor de sucesso deve ser um comunicador persuasivo, capaz de inspirar confiança e construir relacionamentos com clientes, investidores e parceiros.

5. **A marca pessoal** – O programa não apenas destacava a marca "Trump", mas também incentivava os participantes a se diferenciarem por meio de suas próprias marcas pessoais. Trump reforçava que construir uma reputação sólida e uma identidade clara no mercado é tão importante quanto o produto ou serviço que você oferece.

Empreendedores podem aprender valiosas lições ao assistir "The Apprentice". O programa oferecia uma janela para os desafios enfrentados no mundo corporativo, desde negociações complexas até a gestão de conflitos em equipes. Mais do que isso, ele incentivava os espectadores a pensar estrategicamente e a entender que o sucesso empresarial depende de um equilíbrio entre visão criativa, planejamento e execução.

Um dos maiores ensinamentos do programa mostrava que falhas são inevitáveis, mas não definitivas. Trump usava os erros dos participantes como oportunidades para ensinar, mostrando que os empreendedores devem sempre estar prontos para ajustar suas estratégias e tentar novamente.

Além disso, o programa demonstrava que negócios não são apenas números, mas também envolvem pessoas. A capacidade de liderar, comunicar e construir relacionamentos era apresentada como uma habilidade essencial para o sucesso.

Lições de Trump ao abraçar o programa "O Aprendiz"

A decisão de Donald Trump de se envolver em "O Aprendiz" foi, por si só, uma aula sobre empreendedorismo e *branding*. Ele percebeu o potencial do programa para expandir sua marca pessoal, atingir um público mais amplo e solidificar sua reputação como um especialista em negócios. Essa visão estratégica oferece várias lições para empreendedores:

1. **Identificar oportunidades incomuns** – Ao entrar no mundo do entretenimento, Trump demonstrou a importância de explorar novos mercados e diversificar seus esforços. Ele transformou sua experiência em negócios em um formato acessível e atraente, alcançando pessoas que talvez nunca tivessem sequer ouvido falar de suas empreitadas imobiliárias.
2. **Usar mídias para construir sua marca** – Trump utilizou o programa como uma plataforma para fortalecer sua marca pessoal. Ele entendeu que a mídia não é apenas uma ferramenta de comunicação, mas também uma forma de se posicionar como líder e referência em sua área.
3. **Transformar experiência em valor percebido** – "O Aprendiz" provou que Trump sabia capitalizar suas décadas de experiência empresarial. Ele não apenas compartilhou conhecimento, mas também o transformou em entretenimento lucrativo, reforçando a ideia de que empreendedores devem sempre buscar maneiras de monetizar suas habilidades e experiências.

"O Aprendiz" foi mais do que um *reality show*; foi uma aula prática de empreendedorismo e liderança. Donald Trump usou o programa para compartilhar lições valiosas, inspirar empreendedores e demonstrar os desafios e recompensas do mundo corporativo. Ao mesmo tempo, sua decisão de abraçar o projeto mostrou como reconhecer e capitalizar oportunidades, mesmo em áreas fora de sua zona de conforto. Para empreendedores, essas lições reforçam a importância de ser resiliente, inovador e de construir uma marca pessoal que resista ao teste do tempo.

O programa foi uma ferramenta poderosa que elevou Donald Trump a um nível sem precedentes de fama e influência. O impacto do programa em sua imagem, negócios e carreira política é inegável, mostrando como ele soube aproveitar uma plataforma midiática para fortalecer sua marca e ampliar sua esfera de influência.

Com "O Aprendiz", Donald Trump não apenas entreteve milhões de pessoas ao redor do mundo, mas também reforçou os princípios que guiaram sua vida como empreendedor. O programa permanece como um exemplo de como a combinação de negócios e entretenimento pode ser usada para moldar narrativas e inspirar.

“

Os episódios de
“O Aprendiz”
eram mais do que
simples competições;
eram uma vitrine
da filosofia empresarial
de Donald Trump.

”

6

A marca Trump: o ponto central de um império

A história empresarial de Donald Trump está intrinsecamente ligada à marca que ele criou ao longo de sua carreira. Mais do que um nome, "Trump" se tornou um sinônimo de luxo, exclusividade e sucesso. Este capítulo explora as origens da marca Trump, como Donald planejou construí-la, e o papel fundamental que ela desempenhou em seus negócios.

A origem da marca Trump

Desde cedo, Donald Trump compreendeu o valor do nome como ferramenta de influência e credibilidade. Observando o sucesso de seu pai, Fred Trump, no setor imobiliário, ele aprendeu que construir uma reputação forte era essencial para atrair investidores e fechar grandes acordos. Contudo, enquanto Fred Trump mantinha um perfil discreto e concentrava seus negócios em habitações acessíveis, Donald tinha uma visão diferente: ele queria que o nome Trump fosse associado a projetos grandiosos e luxuosos que se destacassem globalmente.

A oportunidade de estabelecer essa identidade, como já mencionamos, veio com o desenvolvimento da Trump Tower, na Quinta Avenida, em Nova York. Inaugurada em 1983, a torre não apenas simbolizou a chegada de Trump ao centro do mercado imobiliário de alto padrão, mas também consolidou o seu nome como sinônimo de opulência. Desde então, cada empreendimento carregava o selo Trump como uma declaração de qualidade e exclusividade.

Planejamento e construção da marca

A construção da marca Trump foi cuidadosamente planejada por Donald, que utilizou estratégias de marketing inovadoras e um profundo entendimento do valor simbólico de sua imagem. Ele não apenas construiu edifícios, mas também promoveu uma narrativa em torno de seus projetos, destacando sua grandiosidade e exclusividade.

Trump soube capitalizar em sua própria personalidade, transformando-se em uma extensão de sua marca. Entrevistas em programas de televisão, artigos em revistas de negócios e aparições em eventos de alto nível eram cuidadosamente planejados para reforçar sua imagem de empreendedor bem-sucedido. Essa exposição não apenas atraiu investidores, mas também consolidou a percepção de que qualquer projeto com o nome Trump seria um empreendimento de qualidade.

Uma das estratégias mais importantes foi o licenciamento de sua marca. Trump percebeu que não precisava ser o dono de todos os projetos para lucrar com eles. Ele licenciou seu nome para edifícios, campos de golfe, hotéis e produtos de consumo, recebendo royalties enquanto terceiros arcavam com os custos e riscos do desenvolvimento. Esse modelo permitiu que a marca Trump se expandisse globalmente, alcançando mercados como Dubai, Filipinas e Turquia.

A importância da marca Trump para os negócios

A marca Trump foi o ponto central de todos os seus negócios. Em muitos casos, o nome Trump era mais valioso do que os próprios ativos físicos. A associação com o luxo e o sucesso permitiu que Donald Trump cobrasse valores mais altos por seus produtos e serviços. Apartamentos em edifícios com o nome Trump frequentemente tinham preços mais elevados do que propriedades similares e em localizações semelhantes, simplesmente pelo prestígio que a marca carregava.

No mercado de hospitalidade, a marca Trump desempenhou um papel fundamental na atração de clientes de alto poder aquisitivo. Seus hotéis e campos de golfe, como o Trump International Hotel em Washington, D.C., e o Trump Turnberry, na Escócia, tornaram-se símbolos de exclusividade. A percepção de que esses locais ofereciam experiências únicas atraiu não apenas turistas, mas também eventos corporativos e diplomáticos.

Para manter sua marca forte e relevante, Trump costuma adotar várias estratégias. Em primeiro lugar, ele garante que cada projeto que leva seu nome esteja alinhado aos padrões de qualidade que ele estabeleceu desde o início de sua carreira. Inspeções regulares, atenção aos detalhes e a seleção de parceiros confiáveis são essenciais para preservar o prestígio de sua marca. Em segundo, Trump compreende a importância da exposição na mídia. Mesmo em momentos de controvérsia, ele usa a mídia para manter a marca em evidência. Seu envolvimento no *reality show* "O Aprendiz" foi uma ferramenta poderosa para reforçar sua imagem de sucesso e líder empresarial.

Além disso, Trump diversifica continuamente as aplicações de sua marca. Ele ampliou seu alcance para produtos como perfumes, água engarrafada e licenças para desenvolvedores imobiliários em mercados internacionais. Essa diversificação garante que a marca Trump permaneça relevante e visível em diferentes setores.

Os desafios e polêmicas

Apesar de seu sucesso, a marca também enfrentou desafios significativos, especialmente durante o tempo em que Donald Trump assumiu a presidência dos Estados Unidos. Alguns projetos imobiliários que carregavam seu nome enfrentaram críticas e controvérsias. Além disso, as divisões políticas geradas por seu governo levaram à remoção do nome Trump de várias propriedades que antes o exibiam com orgulho.

Ainda assim, Trump continuou a usar sua marca como um ativo poderoso. Mesmo em momentos de crise, ele conseguiu renegociar dívidas e atrair novos parceiros de negócios. Sua habilidade de se reinventar e explorar novas oportunidades foi fundamental para manter a relevância de sua marca no mercado global.

A marca Trump é mais do que uma estratégia de negócios; é o alicerce de todo o império de Donald Trump. Combinando ambição, marketing e um senso aguçado de oportunidade, ele transformou seu nome em um dos mais reconhecidos do mundo. Embora tenha enfrentado momentos críticos, a marca Trump permanece um símbolo de luxo e poder, refletindo a visão de seu criador e seu impacto duradouro no mundo dos negócios e além.

O impacto do segundo mandato presidencial na marca Trump

Donald Trump sempre foi uma figura polarizadora, tanto nos negócios quanto na política. Sua transição de magnata imobiliário para presidente dos Estados Unidos destacou o poder e a influência de sua marca pessoal. Durante seu segundo mandato presidencial, o impacto na marca Trump também foi significativo, tanto em termos positivos quanto negativos. Essa fase moldou a marca Trump, afetando seus negócios, sua imagem pública e seu valor global.

A visibilidade da marca durante o segundo mandato

O fato de Donald Trump retornar à Casa Branca acaba servindo como uma vitrine global para a marca Trump. Seu segundo mandato inicia-se com uma intensa cobertura da mídia, mantendo seu nome constantemente em evidência. Embora o cargo de presidente o tenha afastado formalmente da gestão diária da Trump Organization, a associação entre ele e seus empreendimentos permaneceu forte.

Hotéis, campos de golfe e outros ativos da Trump Organization continuaram a atrair clientes, especialmente entre apoiadores políticos. A lealdade dos seguidores de Trump impulsiona a ocupação de suas propriedades, como o Trump International Hotel em Washington, D.C., que se tornou um ponto de encontro para políticos e lobistas durante seus mandatos. Essa exposição reforçou o valor da marca entre uma base de consumidores específica, consolidando-a como um símbolo de sucesso e alinhamento político.

Desafios e conflitos de interesse

Apesar da visibilidade positiva, o segundo mandato de Trump também trouxe desafios significativos para sua marca. A polarização política, intensificada por sua gestão, atraiu críticas e boicotes contra propriedades e produtos que levavam o nome Trump. Empresas que antes mantinham parcerias comerciais com a Trump Organization optaram por encerrar os contratos, em parte devido à pressão pública e à associação da marca com questões controversas.

Além disso, eventos como um possível *impeachment* e protestos relacionados à sua gestão anterior contribuíram para um aumento na percepção negativa entre certos segmentos da população. Essa polarização criou um impacto desigual na marca: enquanto solidificou a lealdade entre seus apoiadores, afastou consumidores de ideologias opostas.

Impacto nos negócios da Trump Organization

O segundo mandato teve impactos diretos nos negócios da Trump Organization. Enquanto algumas propriedades, como seus campos de golfe, continuaram a prosperar devido à fidelidade de seus apoiadores, outras enfrentaram dificuldades. A marca Trump sofreu perdas em cidades progressistas como Nova York e Chicago, onde consumidores evitaram produtos e serviços associados ao nome.

Em contraste, mercados internacionais apresentaram oportunidades de expansão. A lealdade entre apoiadores alinhados ideologicamente com Trump em outros países, como o Brasil (durante o mandato Bolsonaro), e algumas nações do Oriente Médio, abriu portas para novas parcerias e empreendimentos.

Fortalecimento da marca em mercados segmentados

A polarização que prejudicou a marca Trump em alguns segmentos também ajudou a consolidá-la em nichos específicos. A fidelidade de sua base política tornou-se uma força motriz para seus negócios, especialmente em regiões onde ele continuava popular. Campos de golfe, hotéis e eventos ligados ao nome Trump mantêm um apelo significativo entre apoiadores, criando um público cativo que ajudou a compensar as perdas em outros mercados.

Reputação e legado da marca

O segundo mandato de Donald Trump solidificou a marca Trump como uma das mais reconhecidas globalmente, mas também a tornou uma das mais polarizadoras. Para muitos, o nome Trump passou a representar valores conservadores, enquanto para outros simbolizava divisões políticas.

Esse impacto duplo exige que a Trump Organization ajuste suas estratégias para equilibrar o apelo da marca em diferentes mercados. A empresa busca expandir em regiões onde a marca ainda é valorizada, enquanto tenta minimizar as percepções negativas em mercados mais progressistas.

Ainda assim, a marca Trump continua sendo um ativo poderoso, alavancando a visibilidade global que a presidência proporcionou. Para o futuro, o desafio será equilibrar a polarização gerada durante o mandato com a necessidade de atrair novos mercados e consumidores. A resiliência e a adaptabilidade de Trump e de sua organização serão cruciais para determinar o legado e a relevância da marca nas próximas décadas.

"A marca Trump
é mais do que uma
estratégia de negócios;
é o alicerce de todo o
império de Donald Trump."

7

Os negócios internacionais

Donald Trump, além de ser uma figura controversa, é também amplamente reconhecido como um homem de negócios cujo impacto se estende além das fronteiras norte-americanas. Seus empreendimentos internacionais representam uma extensão significativa de sua marca pessoal, que combina luxo, exclusividade e grandiosidade. Neste capítulo, exploraremos os negócios de Trump fora dos Estados Unidos, incluindo propriedades, projetos licenciados e empreendimentos em diversos setores, analisando onde eles estão localizados, suas características e seu impacto.

Estratégia internacional da Trump Organization

A expansão internacional dos negócios de Donald Trump segue uma estratégia centrada no licenciamento de marcas. Em vez de construir ou operar diretamente muitos dos empreendimentos fora dos Estados Unidos, a Trump Organization opta por ceder o nome "Trump" a desenvolvedores locais em troca de taxas de licenciamento e royalties. Essa abordagem permite que a empresa alcance mercados globais com riscos financeiros menores.

Alguns empreendimentos internacionais com a marca Trump

Canadá

- **Trump International Hotel and Tower Toronto** – Localizado no centro financeiro de Toronto, esse empreendimento combinava um hotel de luxo com residências privadas. Embora tenha sido um marco na cidade, enfrentou dificuldades financeiras e mudou de nome em 2017, após litígios e desacordos com os investidores locais.

Panamá

- **Trump Ocean Club International Hotel and Tower** – Situado na Cidade do Panamá, esse projeto de uso misto incluía um hotel, residências e escritórios comerciais. Foi considerado o maior edifício da América Latina quando concluído. No entanto, como em outros projetos, enfrentou disputas legais e teve o nome Trump removido em 2018.

Trump Ocean Club International Hotel and Tower – Situado na Cidade do Panamá.

Turquia

- **Trump Towers Istambul** – Um dos primeiros empreendimentos de Trump no Oriente Médio, esse complexo inclui duas torres, uma comercial e outra residencial. Localizado em um ponto estratégico de Istambul, o empreendimento é um dos poucos que continua a operar sob o nome Trump, atraindo uma clientela de luxo na região.

Índia

A Índia é um dos mercados mais dinâmicos para os negócios de Trump fora dos Estados Unidos. Os empreendimentos incluem:

- **Trump Towers Pune** – Um projeto residencial de luxo com duas torres em parceria com a Panchshil Realty.
- **Trump Towers Mumbai** – Desenvolvido em colaboração com a Lodha Group, é um dos projetos mais emblemáticos da marca na Índia.
- **Trump Towers Delhi NCR** – Esse empreendimento oferece residências ultraluxuosas e reflete a crescente demanda por propriedades exclusivas na região.

Filipinas

- **Trump Tower Manila** – Uma torre residencial localizada no coração do distrito financeiro de Makati. Esse projeto destaca-se como um dos edifícios mais altos das Filipinas e simboliza o compromisso da marca Trump com o luxo e a sofisticação.

Escócia e Irlanda

- **Trump Turnberry** – Um resort de golfe icônico na costa oeste da Escócia. Trump investiu significativamente na modernização do resort, transformando-o em um destino de classe mundial.
- **Trump International Golf Links Aberdeen** – Localizado no nordeste da Escócia, esse campo de golfe é conhecido tanto pela sua beleza natural quanto pelas controvérsias relacionadas à sua construção e impacto ambiental.

- **Trump International Golf Links Doonbeg** – Na Irlanda, esse resort de golfe também é uma atração turística popular, combinando infraestrutura de primeira linha com paisagens deslumbrantes.

Emirados Árabes Unidos

- **Trump International Golf Club Dubai** – Localizado no coração do DAMAC Hills, esse campo de golfe foi desenvolvido em parceria com a DAMAC Properties. Inclui instalações de classe mundial e residências exclusivas.
- **Trump World Golf Club Dubai** – Um segundo campo de golfe no mesmo país, também em colaboração com a DAMAC, projetado pelo famoso jogador Tiger Woods.

Donald Trump é amplamente reconhecido por seus empreendimentos imobiliários icônicos, mas seu alcance de negócios vai muito além do setor de propriedades. Ao longo de sua carreira, ele diversificou sua atuação, explorando mercados como entretenimento, hotelaria, produtos de consumo e licenciamento de marcas. Paralelamente, Trump se destacou como um mestre na promoção de sua marca, utilizando diversas formas de comunicação para transformá-la em um símbolo global de luxo e poder. São diversas as áreas de atuação da Trump Organization, além do setor imobiliário, que têm ou já tiveram impacto fora dos Estados Unidos.

Empreendimentos globais além dos imobiliários

1. **Hotelaria e campos de golfe** – Os hotéis e resorts de golfe da Trump Organization são uma extensão significativa de sua marca. Propriedades como o Trump Turnberry, na Escócia, e o Trump International Golf Links, em Dubai, tornaram-se destinos de luxo reconhecidos internacionalmente. Esses empreendimentos oferecem experiências exclusivas que vão além da hospedagem, incluindo campos de golfe de nível internacional, spas e eventos de alto padrão.
2. **Entretenimento** – O programa de TV "The Apprentice" ("O Aprendiz") foi um dos empreendimentos mais bem-sucedidos de Donald Trump no setor de entretenimento. Esse *reality show* não

só alavancou sua popularidade, mas também solidificou sua reputação como um empresário de sucesso. Por mais de uma década, o programa foi transmitido para audiências em todo o mundo, tornando seu bordão "You're fired!" (Você está demitido!) reconhecido globalmente.

3. **Produtos de consumo** – Trump também explorou o mercado de produtos de consumo, lançando itens que iam desde roupas e acessórios até perfumes. Embora algumas dessas empreitadas não tenham sido tão duradouras, elas ajudaram a associar o nome Trump a um estilo de vida luxuoso. A marca *Trump Home*, por exemplo, oferecia móveis e decorações que refletiam a estética de suas propriedades de alto padrão.
4. **Licenciamento de marcas** – O licenciamento de marcas foi uma das estratégias mais lucrativas e menos arriscadas de Trump para expandir sua influência. Em locais como Índia, Filipinas e Turquia, empreendedores locais pagaram para usar o nome "Trump" em empreendimentos de luxo, como torres residenciais e comerciais. Isso permitiu que ele ganhasse reconhecimento global sem assumir os custos ou riscos diretos de construção e operação.
5. **Setor alimentício e bebidas** – Trump também investiu em marcas de alimentos e bebidas, como *Trump Steaks* e *Trump Vodka*. Embora os produtos não tenham alcançado o sucesso esperado, eles contribuíram para diversificar sua presença em diferentes mercados e reforçaram sua imagem de empresário audacioso.

A construção de uma marca mundial

Donald Trump é um exemplo claro de como a comunicação pode ser usada para construir uma marca global. Ele não se limitou a promover seus empreendimentos; ele promoveu a si mesmo como o próprio símbolo do sucesso. Algumas das formas de comunicação que ele utilizou incluem:

1. **A mídia de massa** – Trump dominou a mídia de massa para construir sua imagem. Ele usava entrevistas e eventos como opor-

tunidades para reforçar sua marca, sempre posicionando-se como uma figura de autoridade no mundo dos negócios.

2. **Redes sociais** – Com a ascensão das redes sociais, Trump foi um dos primeiros entre os grandes empresários a adotar plataformas como Twitter para se comunicar diretamente com o público. Ele usava sua conta para promover seus empreendimentos, expressar opiniões e manter-se no centro das atenções, independentemente do contexto.
3. **Eventos de alto perfil** – Trump frequentemente associava sua marca a eventos de prestígio, como competições de golfe, concursos de beleza (Miss Universo) e conferências de negócios. Esses eventos não apenas atraíam atenção para seus empreendimentos, mas também reforçavam a ideia de que a marca Trump estava associada a luxo e exclusividade.
4. **Branding consistente** – Desde os logotipos dourados até o design arquitetônico de suas propriedades, cada detalhe dos empreendimentos de Trump reforça uma identidade de marca coerente. Ele investiu em uma estética grandiosa e imediatamente reconhecível, que ajudou a diferenciar sua marca no mercado global.
5. **Parcerias estratégicas** – Trump também utilizou parcerias com desenvolvedores locais para expandir sua marca. Em mercados emergentes, como Índia e Filipinas, ele colaborou com empresários influentes para garantir que seus empreendimentos fossem bem-sucedidos e amplamente divulgados.

O legado da marca Trump

O nome Trump tornou-se um dos mais reconhecidos do mundo, não apenas devido aos seus empreendimentos, mas também pela forma como ele o promoveu incansavelmente. Ele mostrou que uma marca forte é tão valiosa quanto os produtos e serviços que representa, especialmente quando sustentada por uma comunicação eficaz, parcerias estratégicas e uma identidade bem definida.

Para empreendedores, Trump ensina a importância de diversificar mercados, investir no *branding* e explorar as oportunidades que a mídia oferece para alcançar públicos globais. Sua trajetória prova que, quando uma marca é bem construída, ela pode transcender setores e fronteiras, tornando-se um símbolo de valor, poder e reconhecimento mundial.

Impactos e desafios

Embora os negócios internacionais de Trump tenham expandido a visibilidade da marca, muitos enfrentaram desafios financeiros, legais e reputacionais. Disputas entre parceiros locais e a recepção polarizada da marca Trump em alguns mercados contribuíram para o encerramento ou a renomeação de vários projetos. Além disso, a reeleição de Trump como presidente dos Estados Unidos levantou novamente questões sobre conflitos de interesse.

Os negócios de Donald Trump fora dos Estados Unidos são um reflexo de sua estratégia empresarial baseada em licenciamento de marcas e parcerias. Embora nem todos os empreendimentos tenham alcançado sucesso duradouro, eles demonstram a ambição de Trump em posicionar sua marca como um símbolo global de luxo e sofisticação.

“

A expansão internacional
dos negócios de Donald Trump
segue uma estratégia centrada
no licenciamento de marcas.

”

8

O estilo empresarial de Donald Trump e a administração de seus negócios

A carreira de Donald Trump foi marcada por uma combinação singular de intuição empresarial, confiança inabalável e uma habilidade inata para atrair atenção. Como um dos empreendedores mais conhecidos do mundo, sua abordagem para administrar um vasto império de negócios sempre despertou curiosidade. Este capítulo explora o estilo empresarial de Trump, como ele controla seus empreendimentos, delega responsabilidades e mantém a gestão de seus negócios enquanto ocupa o cargo de presidente dos Estados Unidos.

Desde o início de sua carreira, Donald Trump se destacou por sua abordagem ousada e altamente personalizada nos negócios. Ele prefere estar diretamente envolvido nas decisões mais importantes, especialmente aquelas que impactam a sua marca. Sua filosofia pode ser resumida em uma frase: "Se você vai pensar, pense grande". Essa mentalidade grandiosa se reflete em seus empreendimentos imobiliários e projetos globais, que frequentemente visam impressionar tanto em escala quanto em impacto visual.

Trump também é conhecido por seu foco na percepção pública. Para ele, a marca é tão importante quanto o produto ou serviço. Esse foco no *branding* permeia cada aspecto de sua gestão empresarial. Desde a escolha de materiais luxuosos para seus edifícios até as alianças com outras marcas *premium*, Trump busca continuamente manter uma imagem de exclusividade e sucesso.

Como Trump controla seus negócios

Donald Trump adota uma abordagem centralizada em relação ao controle de seus negócios. Ele exige relatórios regulares de seus executivos de confiança e faz questão de revisar detalhes cruciais, especialmente em projetos de alto perfil. Apesar disso, ele também reconhece a importância de confiar em sua equipe para a execução das operações no dia a dia.

A Trump Organization, estrutura central de seus negócios, é relativamente compacta quando comparada a outras corporações de mesmo porte. Isso permite uma comunicação mais ágil e um controle mais direto. Trump também mantém seus negócios organizados em um modelo vertical, no qual as decisões mais importantes passam por ele ou por membros da família, incluindo seus filhos, Donald Jr. e Eric Trump.

A gestão dos negócios de Donald Trump é marcada por uma abordagem centralizada na supervisão estratégica e pela confiança em uma equipe altamente qualificada. Apesar de sua personalidade marcante e da imagem de um líder que está presente em todos os detalhes, Trump sempre entendeu a importância de delegar responsabilidades para garantir a eficiência e o sucesso de seus empreendimentos.

O papel da família na gestão

A família de Donald Trump desempenhou um papel central na gestão e no crescimento da Trump Organization, consolidando-se como um dos pilares do sucesso de seus empreendimentos. Desde cedo, Trump envolveu seus filhos nos negócios, criando um ambiente onde as decisões eram frequentemente discutidas em família e responsabilidades estratégicas eram compartilhadas. Essa dinâmica não apenas fortaleceu o império Trump, mas também garantiu a continuidade de sua visão empresarial.

Os filhos no centro dos negócios

Durante seus mandatos na presidência dos Estados Unidos, Donald Trump delegou a gestão diária da Trump Organization a seus dois filhos mais velhos, Donald Trump Jr. e Eric Trump. Ambos foram encarregados de supervisionar a operação de diversos empreendimentos, desde propriedades imobiliárias até campos de golfe. Essa transição não apenas demonstrou a confiança de Trump em sua família, mas também destacou a importância do preparo contínuo de seus herdeiros para assumirem papéis estratégicos.

Ivanka Trump, por sua vez, desempenhou um papel crucial antes de se afastar para atuar como assessora na Casa Branca durante o primeiro mandato de seu pai. Já no segundo mandato, a filha de Donald Trump não demonstra intenções de ter qualquer tipo de participação. Com forte habilidade em *branding* e *design*, Ivanka ajudou a modernizar e expandir a presença global da marca Trump, especialmente na divisão de hotéis de luxo e torres residenciais. Seu talento para construir conexões e atrair investidores reforçou a reputação da Trump Organization como uma marca de prestígio.

O papel de Melania Trump no *branding*

Melania Trump, embora não diretamente envolvida na gestão dos negócios, contribuiu para a construção da imagem de luxo associada ao nome Trump. Sua presença elegante em eventos globais ajudou a reforçar a percepção de sofisticação e exclusividade da marca.

Uma estratégia de continuidade

A integração da família na gestão dos negócios de Donald Trump é também uma estratégia de continuidade. Ao preparar seus filhos para a liderança, ele garantiu que sua visão empresarial fosse mantida e que a marca Trump permanecesse forte, mesmo em momentos de transição.

Lições para empreendedores – transição do poder

A abordagem de Trump destaca o valor de envolver membros da família em negócios, especialmente quando há alinhamento de objetivos. Além de criar uma base sólida de confiança, isso permite que a visão do fundador seja preservada e adaptada às novas gerações. Para empreendedores, a lição é clara: investir no desenvolvimento e no preparo de sucessores pode ser a chave para a longevidade de qualquer empreendimento.

Estratégia de delegação

Trump é conhecido por delegar responsabilidades operacionais a executivos experientes e qualificados, permitindo que ele se concentre em questões estratégicas e de alto impacto. Ele adota uma abordagem que combina autonomia para os gestores e supervisão rigorosa. Os executivos que trabalham para Trump são incentivados a tomar decisões de forma independente, mas sabem que serão responsabilizados pelos resultados.

Uma característica essencial de sua estratégia é a comunicação constante. Trump exige relatórios frequentes de progresso e insiste em atualizações sobre os principais projetos. Esse sistema garante que ele esteja informado sobre os desenvolvimentos mais importantes, mesmo sem estar diretamente envolvido nos detalhes do dia a dia.

Donald Trump também entende o valor de contratar especialistas em áreas específicas para garantir a execução bem-sucedida de seus projetos. Na construção de empreendimentos imobiliários, por exemplo, ele confia em arquitetos renomados, engenheiros experientes e consultores financeiros hábeis para entregar resultados que estejam de acordo com os padrões de qualidade de sua marca.

Embora tenha um estilo de liderança imponente, Trump não hesita em confiar em especialistas para decisões técnicas. Essa abordagem permite que ele concentre seus esforços em aspectos estratégicos, como negociação de contratos, marketing e expansão de sua marca.

A marca como elemento central

A delegação de tarefas feita por Trump está diretamente conectada à força de sua marca. Ele licencia o nome Trump para projetos ao redor do mundo, como hotéis, edifícios residenciais e campos de golfe, garantindo que terceiros gerenciem os empreendimentos enquanto ele atua como figura estratégica. Essa estratégia de licenciamento reduz os riscos operacionais e financeiros, ao mesmo tempo em que amplia o alcance de sua marca globalmente.

Trump frequentemente licencia seu nome para desenvolvedores internacionais que gerenciam os detalhes do projeto, desde o financiamento até a construção e operação. Ele participa como consultor de alto nível, garantindo que o empreendimento atenda aos padrões de qualidade associados ao nome Trump.

Flexibilidade e controle

Apesar de delegar amplamente, Trump mantém um nível de controle flexível em seus negócios. Ele intervém pessoalmente em momentos críticos, como negociações importantes ou quando a reputação de sua marca está em jogo. Essa abordagem permite que ele equilibre a autonomia de sua equipe com o controle estratégico sobre decisões cruciais.

Trump também é conhecido por confiar em sua intuição. Em várias ocasiões, ele optou por ajustes rápidos em estratégias baseadas em seu instinto, mesmo quando especialistas sugeriam caminhos diferentes. Isso demonstra sua abordagem prática e direta na gestão de sua organização.

A habilidade de Donald Trump de delegar tarefas é um dos fatores críticos para o sucesso de seus negócios. Ao confiar em sua família, bem como em executivos qualificados e especialistas, ele consegue equilibrar supervisão estratégica com autonomia operacional. Essa abordagem, combinada com sua forte presença pessoal e foco na marca Trump, permite que ele gerencie um portfólio empresarial diversificado, mantendo controle sobre os elementos mais importantes de seus negócios.

A gestão dos negócios durante os mandatos presidenciais

Quando Donald Trump assumiu a presidência dos Estados Unidos pela primeira vez, uma das questões mais debatidas era a de como ele lidaria com seus vastos interesses empresariais enquanto ocupava o cargo mais alto da nação. Trump, um magnata com diversos empreendimentos espalhados pelo mundo, enfrentou muitas críticas sobre possíveis conflitos de interesse entre sua posição de presidente e sua rede de negócios pessoais. Como já mencionamos, para administrar esses problemas, ele estabeleceu um plano transferindo a administração de sua organização para sua família, mantendo-se afastado formalmente da gestão direta.

Apesar de estar fisicamente afastado da gestão diária, Trump manteve um interesse ativo em seus negócios. O que se supõe é que ele continuava a receber atualizações regulares sobre o desempenho de seus empreendimentos e que ocasionalmente oferecia orientações estratégicas. Seu papel como presidente também gerou publicidade para a marca Trump, e várias propriedades da organização tornaram-se pontos de interesse para apoiadores e críticos. Acredita-se que a postura de Trump em relação aos seus negócios durante seu segundo mandato será a mesma.

O equilíbrio entre negócios e política

Trump sempre enfrentou críticas sobre como seus negócios poderiam influenciar suas decisões políticas. Propriedades como o Trump International Hotel em Washington, D.C., tornaram-se centros de controvérsia devido ao uso frequente por delegações estrangeiras e lobistas. Ainda assim, Trump conseguiu manter sua base de apoio, e muitos viam seu sucesso empresarial como uma prova de sua capacidade de liderança.

Liderança e resiliência

A gestão empresarial de Donald Trump é caracterizada por sua habilidade de se adaptar a circunstâncias mutáveis e de transformar desafios em oportunidades. Ele frequentemente atribui seu sucesso a uma combinação de instinto, disciplina e disposição para assumir riscos calculados. Sua presença ativa em seus negócios, mesmo durante momentos de crise, é uma demonstração de seu compromisso com a marca que construiu.

Ao longo de sua carreira como empreendedor, Donald Trump enfrentou diversos desafios, especialmente durante os anos 1990, quando várias de suas propriedades, particularmente em Atlantic City, passaram por dificuldades financeiras. Para superar esses desafios, Trump utilizou uma combinação de estratégias:

- **Renegociação de dívidas** – Trump frequentemente renegociou seus termos de dívida com credores, conseguindo extensões de prazo e reduções de valores. Ele usou sua habilidade de negociação para convencer bancos e investidores de que era do interesse deles mantê-lo à frente de seus empreendimentos, na esperança de que ele pudesse reverter a situação e eventualmente pagar as dívidas.
- **Proteção por falência** – Ele utilizou sabiamente a Lei de Falências dos Estados Unidos para reestruturar suas empresas sem ter que liquidar seus ativos pessoais. Essa estratégia permitiu a continuidade de suas operações enquanto trabalhava para reorganizar suas finanças.
- **Diversificação de investimentos** – Trump diversificou seus investimentos além do setor imobiliário, expandindo sua marca para outras áreas como entretenimento, licenciamento e produção de televisão. A diversificação ajudou a reduzir riscos e a criar novas fontes de receita.
- **Foco na marca** – Trump capitalizou seu nome e imagem como sinônimo de luxo e sucesso, utilizando a marca Trump para atrair investidores e clientes. O valor da marca foi usado para negociar melhores termos de financiamento e para atrair novos negócios.
- **Atração de parcerias e investimentos** – Trump frequentemente buscou parcerias estratégicas para dividir os riscos e custos de novos empreendimentos. Colaborar com outras empresas e investidores permitiu-lhe acessar capital e expertise adicionais.

Essas estratégias, combinadas com sua resiliência e habilidade de autopromoção, permitiram a Trump não apenas superar os obstáculos que encontrou, mas também expandir e diversificar seu império ao longo dos anos.

Donald Trump é um exemplo fascinante de como liderar e administrar um império empresarial. Seu estilo é uma mistura única de centralização e delegação, confiança na família e foco na marca. Mesmo durante a presidência, ele conseguiu manter sua influência sobre os negócios, mostrando sua habilidade de navegar entre o mundo corporativo e a arena política.

O legado de Trump como líder empresarial é definido por sua resiliência e por sua capacidade de manter o controle em meio a desafios complexos. Sua habilidade de equilibrar responsabilidades tão distintas reforça sua posição como uma das figuras mais emblemáticas do mundo dos negócios e da política contemporânea.

A Trump Organization: um império familiar

A Trump Organization, o conglomerado que administra os negócios, é o centro estratégico de controle de Donald Trump, seu "Quartel General". Antes de assumir a presidência, Trump era a figura central na tomada de decisões da empresa, conhecido por supervisionar pessoalmente os principais projetos e negociações.

Para cumprir os requisitos éticos ao se tornar presidente, Trump transferiu a administração da organização para seus filhos, Donald Trump Jr. e Eric Trump. Ambos já ocupavam posições de liderança na Trump Organization antes de seu pai assumir a Casa Branca, e a transição foi apresentada como uma maneira de garantir continuidade nos negócios enquanto Trump se dedicava integralmente à presidência dos Estados Unidos.

O papel de Donald Trump Jr. e Eric Trump

Donald Trump Jr. e Eric Trump assumiram oficialmente o comando da Trump Organization em janeiro de 2017. Como codiretores executivos, eles ficaram encarregados de supervisionar os negócios existentes e de tomar decisões estratégicas para novos empreendimentos. O fato de seus filhos passarem a administrar os seus negócios foi o primeiro passo para uma transição hereditária, a "passagem do bastão" para a nova geração da família Trump na administração dos negócios.

Filho mais velho de Trump, Donald Trump Jr. já havia desempenhado um papel central na expansão dos negócios imobiliários da organização antes de seu pai assumir a presidência pela primeira vez. Durante o primeiro mandato presidencial, ele passou a gerenciar projetos de alto impacto e a manter relações com parceiros internacionais. Trump Jr. também se tornou o rosto público da organização, representando a empresa em eventos e reuniões globais.

Eric Trump, o terceiro filho de Donald Trump, focou na operação diária dos negócios. Ele passou a supervisionar os campos de golfe, hotéis e outros ativos principais da Trump Organization, garantindo que os empreendimentos continuassem funcionando sem interrupções. Além disso, Eric passou a trabalhar na gestão de propriedades internacionais licenciadas, que dependem fortemente da manutenção da marca Trump como sinônimo de luxo e exclusividade.

A participação de Ivanka Trump

Embora Ivanka Trump, a filha mais velha de Donald Trump, tenha se afastado da Trump Organization para assumir um papel como conselheira sênior na Casa Branca, durante o primeiro mandato de seu pai (2017-2021), sua influência ainda era sentida na organização. Antes de ingressar na administração presidencial, Ivanka desempenhou um papel crucial no desenvolvimento de projetos de luxo e no fortalecimento da marca Trump no mercado global.

Ivanka Trump, a filha mais velha de Donald Trump

Apesar de ter se mantido muito próxima ao pai em sua carreira política, por uma série de motivos, principalmente pessoais, Ivanka Trump decidiu não participar ativamente na última campanha de seu pai, nem do governo eleito para o segundo mandato de Trump.

O truste da Trump Organization

Para formalizar seu afastamento dos negócios, Donald Trump transferiu seus ativos para um truste administrado por seus filhos e Allen Weisselberg, o diretor financeiro de longa data da Trump Organization. Embora Trump não estivesse envolvido na gestão diária, ele ainda era o beneficiário do truste, o que significa que continuaria a lucrar com seus negócios enquanto estivesse na presidência.

A criação do truste foi uma medida que buscava reduzir os conflitos de interesse. No entanto, críticos argumentam que a estrutura criada não é suficientemente independente, já que Trump continuava ciente das operações de seus negócios e poderia influenciar indiretamente as decisões por meio de seus filhos.

Críticas e controvérsias

A decisão de manter os negócios sob controle familiar durante a presidência gerou intensas críticas. Especialistas em ética argumentaram que Trump deveria ter vendido seus ativos ou transferido sua organização para um administrador independente para evitar conflitos de interesse.

Além disso, as propriedades de Trump, como o Trump International Hotel em Washington, D.C., foram frequentemente usadas para eventos governamentais e por delegações estrangeiras, levantando questões sobre se ele estava lucrando indiretamente com seu cargo.

Impacto na marca e nos negócios

Embora a decisão de transferir a administração para seus filhos tenha mantido a operação dos negócios, a marca Trump enfrentou desafios e mudanças durante os mandatos presidenciais. A polarização política impactou a percepção pública da marca, com alguns clientes boicotando as propriedades, enquanto outros apoiadores reforçavam sua lealdade.

A decisão de manter os negócios sob controle familiar destacou o equilíbrio delicado entre política e negócios. Mesmo afastado formalmente da gestão diária, Trump permaneceu ligado à sua marca, que continuou a ser um reflexo direto de sua personalidade e liderança. O futuro da Trump Organization, em grande parte, dependerá da habilidade de seus filhos em manter a relevância e o prestígio da marca em um mercado altamente competitivo e politicamente polarizado.

“Trump é conhecido por delegar responsabilidades operacionais a executivos experientes e qualificados, permitindo que ele se concentre em questões estratégicas e de alto impacto.”

9

O projeto Trump Place

Entre os diversos empreendimentos imobiliários que levam o nome Trump, poucos são tão emblemáticos quanto o Trump Place, um complexo de luxo que redefiniu o Riverside Boulevard, na cidade de Nova York. Esse projeto grandioso não apenas ampliou a presença de Donald Trump no mercado imobiliário de Nova York, mas também consolidou seu status como um dos empreendedores mais influentes do setor. Este capítulo examina os detalhes da negociação, o impacto financeiro, a grandiosidade do empreendimento e como o Trump Place influenciou a imagem e o patrimônio de Donald Trump.

A visão para o Riverside South

Nos anos 1980, a área que hoje abriga o Trump Place era um espaço subutilizado conhecido como "*Freedomland*", um antigo parque temático localizado no lado oeste de Manhattan. A região era marcada por infraestrutura deteriorada e terrenos abandonados, mas Donald Trump viu potencial onde outros enxergavam apenas desafios. Em 1985, ele adquiriu o terreno de mais de 310 mil metros quadrados com uma visão ambiciosa: transformar o local em um dos mais desejados endereços residenciais da cidade.

A negociação para adquirir o Riverside South envolveu um investimento inicial de aproximadamente US$ 95 milhões, um valor significativo para a época. Trump apostou na sua habilidade de criar valor por meio de uma combinação de design, localização e *branding*.

O Trump Place foi projetado para ser um complexo residencial de luxo composto por 16 edifícios, totalizando mais de 5.700 apartamentos. O projeto incluiu espaços verdes, lojas, instalações recreativas e vistas deslumbrantes do rio Hudson. A dimensão total do empreendimento abrangia cerca de 8,5 milhões de metros quadrados, tornando-se um dos maiores empreendimentos imobiliários privados da história de Nova York.

O foco nos detalhes foi um dos pontos altos do projeto. Desde os acabamentos de alta qualidade até as comodidades oferecidas, como academias de ponta e segurança 24 horas, cada aspecto do Trump Place foi planejado para atrair clientes de alto padrão. A associação do nome Trump ao empreendimento também foi crucial para agregar valor ao projeto.

O Trump Place foi projetado para ser um complexo residencial de luxo composto por 16 edifícios, totalizando mais de 5.700 apartamentos.

O investimento total no Trump Place é estimado em mais de US$ 3 bilhões, incluindo custos de aquisição, desenvolvimento e marketing. No entanto, o retorno foi igualmente impressionante. Ao longo dos anos, as vendas dos apartamentos e os aluguéis geraram uma receita de bilhões de dólares, com margens de lucro significativas.

Um dos momentos mais importantes na história financeira do Trump Place foi a venda do projeto, em 2005, para a Extell Development Company e o Carlyle Group. Trump manteve o direito de licenciar seu nome para os edifícios, garantindo uma fonte de receita contínua com royalties, mesmo após a venda. Estima-se que esse acordo tenha rendido a Trump cerca de US$ 1,8 bilhão, consolidando sua posição como um dos empresários mais rentáveis do setor imobiliário.

O Trump Place, também conhecido como Trump City, foi um dos maiores projetos imobiliários associados à marca Trump. Esse ambicioso empreendimento não apenas reforçou a reputação de Donald Trump no setor, mas também teve um impacto financeiro significativo para sua marca e seus negócios.

O investimento no Trump Place

O empreendimento foi concebido como um dos maiores projetos de revitalização urbana em Manhattan. Embora a marca Trump tenha sido fortemente associada ao empreendimento, Donald Trump não financiou integralmente o projeto. Em vez disso, ele entrou como parceiro e negociador, utilizando sua estratégia de licenciamento de marca para minimizar riscos financeiros e maximizar lucros.

O terreno foi originalmente adquirido em 1974, por US$ 62 milhões, em uma parceria liderada pela Gulf and Western Industries. Após anos de disputas legais e dificuldades financeiras, Trump adquiriu os direitos para desenvolver a área na década de 1980, embora com significativa participação de investidores estrangeiros, incluindo fundos da Coreia do Sul.

O valor exato investido por Trump e seus parceiros não foi amplamente divulgado, mas estima-se que o custo total de desenvolvimento das 16 torres residenciais tenha superado US$ 3 bilhões. A contribuição direta de

Trump foi substancialmente menor, já que ele atuou principalmente como intermediário no financiamento e no desenvolvimento.

Donald Trump usou sua marca e habilidades de negociação para garantir que o Trump Place gerasse retornos substanciais. Ele licenciou seu nome para o projeto, recebendo royalties significativos sem assumir o mesmo nível de risco financeiro de outros investidores.

O retorno financeiro para Trump veio de várias formas:

1. **Receitas de licenciamento** – Como parte do acordo, Trump recebeu uma taxa pela utilização de sua marca nas torres residenciais. Essas taxas são estimadas em milhões de dólares ao longo dos anos.
2. **Vendas de propriedades** – As unidades residenciais de altíssimo padrão foram comercializadas com preços de venda que variavam de centenas de milhares a milhões de dólares. A associação com o nome Trump aumentou o valor percebido das propriedades.
3. **Valorização do terreno** – O projeto revitalizou uma área subutilizada, transformando-a em um dos bairros mais desejados de Manhattan. Isso aumentou significativamente o valor do terreno e das propriedades ao longo do tempo.

Embora seja difícil calcular o retorno exato de Trump, o empreendimento é considerado um sucesso financeiro para ele e seus parceiros. A combinação de taxas de licenciamento, vendas de unidades e valorização do mercado garantiu retornos substanciais, consolidando a estratégia de Trump de maximizar lucros com investimentos reduzidos.

Impacto na marca Trump

O sucesso do Trump Place reforçou a imagem de Donald Trump como um dos principais nomes no mercado imobiliário de luxo. A associação da marca com um projeto tão ambicioso e bem-sucedido ajudou a solidificar sua reputação como um símbolo de sofisticação e grandeza.

No entanto, o impacto na marca não foi totalmente positivo. Em anos recentes, algumas torres do Trump Place retiraram o nome "Trump" de suas fachadas, alegando controvérsias políticas e a polarização em torno de sua figura. Essa decisão reflete a volatilidade do impacto de sua marca, que pode ser tanto um ativo quanto um passivo, dependendo do contexto político e social.

Ainda assim, o Trump Place é considerado um marco financeiro e estratégico para Donald Trump, que demonstrou sua habilidade em transformar oportunidades imobiliárias em negócios altamente lucrativos. Para empresários, a história do Trump Place reforça a importância de estratégias inteligentes de investimento e *branding* para alcançar o sucesso em larga escala.

O Trump Place foi mais do que um sucesso financeiro; foi uma vitrine para a marca Trump. O empreendimento solidificou a imagem de Donald Trump como um visionário que podia transformar locais degradados em áreas de luxo. A associação com o Riverside South também reforçou sua reputação de assumir e concluir projetos de grande escala, mesmo diante de desafios consideráveis.

No entanto, o projeto também atraiu controvérsias. Críticos argumentaram que o Trump Place contribuiu para elitizar a região, deslocando comunidades de baixa renda. Além disso, algumas disputas legais e de planejamento urbano atrasaram o progresso do empreendimento em suas fases iniciais.

Apesar disso, o impacto positivo na região é inegável. O Riverside Boulevard se tornou um dos endereços mais cobiçados de Manhattan, com melhorias significativas na infraestrutura e um aumento geral no valor dos imóveis ao redor. O sucesso do empreendimento pode ser facilmente comprovado por seus impressionantes números:

- **Dimensão total:** 8,5 milhões de metros quadrados
- **Apartamentos:** mais de 5.700 unidades residenciais
- **Edifícios:** 16 torres residenciais
- **Investimento inicial:** US$ 95 milhões (aquisição do terreno)
- **Investimento total:** mais de US$ 3 bilhões
- **Receita gerada:** estimada em bilhões de dólares
- **Lucro da venda em 2005:** cerca de US$ 1,8 bilhão

O legado do Trump Place

O Trump Place não é apenas um novo ícone de Nova York, mas também um testemunho do impacto que um empreendimento visionário pode ter em uma cidade. Para Donald Trump, o projeto foi um catalisador para fortalecer sua marca, aumentar sua fortuna e consolidar sua reputação como um dos maiores empreendedores do mercado imobiliário do mundo.

Embora seu nome tenha sido removido de alguns edifícios do complexo após controvérsias políticas, o legado do Trump Place permanece. O sucesso financeiro e a transformação urbana que ele proporcionou continuam marcando um capítulo essencial na história dos negócios de Donald Trump.

O Trump Place exemplifica a combinação de ambição, visão e habilidade empresarial que define Donald Trump. Ao transformar um terreno subutilizado em um dos endereços mais prestigiados de Nova York, Trump não apenas criou um empreendimento rentável, mas também deixou sua marca na paisagem da cidade.

“O sucesso do Trump Place reforçou a imagem de Donald Trump como um dos principais nomes no mercado imobiliário de luxo.”

10

Os resorts de Donald Trump: luxo e reconhecimento para a marca

Amplamente conhecido por seu império imobiliário, Donald Trump mostrou mais uma vez sua visão aguçada para o sucesso ao investir esforços em seus resorts, que desempenharam um papel central em sua organização. Esses empreendimentos combinam luxo e hospitalidade com a prática do golfe – um esporte reconhecidamente elitista –, e estão estrategicamente localizados em pontos importantes ao redor do mundo. Veja a seguir alguns dos principais resorts com a marca Trump.

Mar-a-Lago (Palm Beach, Flórida, EUA)

Um dos seus empreendimentos mais famosos, Mar-a-Lago serve como resort e também como residência principal de Donald Trump. Localizado em Palm Beach, o clube privado oferece instalações luxuosas, incluindo quartos exclusivos, restaurantes e espaços para eventos de alto padrão.

Trump National Doral (Miami, Flórida, EUA)
Esse resort é um dos principais da Trump Organization. Com quatro campos de golfe, incluindo o icônico Blue Monster, o Trump National Doral atrai jogadores profissionais e amadores do mundo todo. Além dos campos de golfe, o resort oferece acomodações de luxo e espaços para conferências.

Trump Turnberry (Escócia)
Localizado na costa da Escócia, o Turnberry é um resort de golfe histórico que inclui o Ailsa Course, considerado um dos melhores campos do mundo. Trump investiu significativamente na modernização do resort, tornando-o um destino cobiçado por jogadores de alto nível.

Trump International Golf Links (Aberdeen, Escócia)
Esse resort em Aberdeen é conhecido por seu campo de golfe desafiador, situado em meio às dunas escocesas. Embora tenha enfrentado controvérsias ambientais, o empreendimento se destacou como um destino de golfe de luxo.

Trump International Golf Links & Hotel Doonbeg (Irlanda)
Localizado na costa oeste da Irlanda, o Doonbeg é famoso por seu campo de golfe à beira-mar e instalações de luxo. O resort atrai turistas internacionais que procuram experiências exclusivas de golfe e hospitalidade.

Trump International Hotel Las Vegas (Las Vegas, Nevada, EUA)
Embora não seja um resort tradicional de golfe, o hotel em Las Vegas é um exemplo do luxo característico de Trump. A propriedade oferece acomodações de altíssima qualidade, sendo um destino popular para turistas e executivos em viagens de negócios.

Trump National Golf Club Bedminster (Nova Jersey, EUA)
Bedminster é outro resort de destaque, frequentemente usado para eventos privados e torneios. Além do campo de golfe, oferece espaços para eventos corporativos e sociais.

A importância dos resorts para os negócios de Trump

Os resorts são fundamentais para o modelo de negócios da Trump Organization. Eles não apenas geram receitas diretas por meio de hospedagem, taxas de uso dos campos de golfe e eventos, mas também servem como uma extensão da marca Trump, sinônimo de luxo e exclusividade. A presença internacional desses empreendimentos fortalece a reputação da organização e atrai clientes de alto poder aquisitivo.

Os campos de golfe, em particular, são um grande diferencial. Além de atrair jogadores, esses locais são escolhidos para torneios e eventos corporativos, aumentando sua visibilidade e lucratividade.

Gestão dos resorts

A gestão dos resorts da Trump Organization combina supervisão centralizada e operações locais. Donald Trump Jr. e Eric Trump desempenham papéis fundamentais, supervisionando a operação geral e garantindo que os empreendimentos permaneçam alinhados aos padrões da marca. A gestão diária, no entanto, é delegada a equipes especializadas em cada localidade.

Os resorts de Donald Trump são símbolos de luxo, exclusividade e excelência operacional, características que definem a marca Trump no setor de hospitalidade. Como parte integrante da Trump Organization, esses empreendimentos representam um dos pilares dos negócios de Trump. A gestão desses resorts combina estratégias bem planejadas, foco em padrões de alta qualidade e uma marca forte, cuidadosamente cultivada ao longo das décadas. Embora Donald Trump não esteja diretamente envolvido nos detalhes operacionais diários, sua influência estratégica e sua visão de negócios são evidentes em cada aspecto do funcionamento dessas propriedades.

Estrutura de gestão dos resorts: administração direta e indireta

Os resorts de Donald Trump, operados sob o comando da Trump Organization, seguem um modelo de gestão que combina administração direta e licenciamento de marca, permitindo à empresa expandir sua presença global com diferentes níveis de envolvimento operacional.

Para garantir que cada resort mantenha os padrões da marca Trump, a estrutura de gestão envolve um controle rigoroso sobre operações, experiência do cliente e *branding*. Veja a seguir como funciona essa administração e quais são as estratégias adotadas para manter a rentabilidade e exclusividade dos empreendimentos.

Administração direta: resorts totalmente controlados pela Trump Organization

Alguns dos resorts operados pela Trump Organization são gerenciados diretamente pela empresa. Isso significa que a Trump Organization não apenas detém a propriedade, mas também supervisiona todas as operações, desde a gestão de funcionários até o atendimento ao cliente e a experiência dos hóspedes.

Os principais resorts sob administração direta incluem:

- **Trump National Doral Miami (EUA)** – Um dos resorts de golfe mais icônicos da marca, adquirido por Donald Trump em 2012. Ele passou por reformas multimilionárias para elevar o padrão de luxo.
- **Trump Turnberry (Escócia)** – Um renomado resort de golfe adquirido por Trump em 2014, conhecido por sua tradição histórica no esporte.
- **Trump International Golf Links & Hotel Doonbeg (Irlanda)** – Outro resort de golfe de alto padrão, estrategicamente posicionado no turismo de luxo europeu.

A administração direta desses resorts envolve:

- **Supervisão da operação hoteleira** – A equipe de gestão da Trump Organization gerencia reservas, serviços de concierge, gastronomia, eventos e experiência dos hóspedes.
- **Manutenção de campos de golfe e infraestrutura** – Muitos resorts da marca possuem campos de golfe de classe mundial, exigindo investimentos constantes em manutenção e modernização.
- **Padrões de luxo e atendimento** – O treinamento de funcionários e a experiência do cliente são rigorosamente monitorados para garantir que os hóspedes tenham um serviço de altíssimo nível.

- **Eventos e parcerias estratégicas** – Resorts como Turnberry e Doral costumam sediar torneios de golfe de prestígio, aumentando a visibilidade da marca e atraindo clientes de alto poder aquisitivo.

Administração indireta: modelo de licenciamento de marca

Outro modelo utilizado pela Trump Organization para operar seus resorts é o licenciamento de marca, em que terceiros desenvolvem, financiam e gerenciam os empreendimentos, enquanto a Trump Organization licencia seu nome e estabelece padrões operacionais.

Alguns dos resorts sob este modelo incluem:

- **Trump International Golf Club Dubai (Emirados Árabes Unidos)** – Operado em parceria com a DAMAC Properties, o resort mantém a identidade da marca Trump sem envolvimento direto na gestão diária.
- **Trump International Hotel & Tower Vancouver (Canadá)** – Embora tenha sido inaugurado sob a marca Trump, esse empreendimento seguiu o modelo de licenciamento antes de sua mudança de gestão.

A administração indireta desses resorts segue um padrão no qual empresários locais financiam e operam os resorts sob o nome da Trump Organization. Os padrões de luxo são estabelecidos pela empresa de Donald Trump, garantindo que a experiência seja consistente com a marca. A Trump Organization recebe taxas de licenciamento e participação nos lucros, sem precisar investir diretamente na construção e operação dos resorts.

A estratégia de gestão dos resorts de Donald Trump combina administração direta e licenciamento de marca, permitindo que a empresa expanda globalmente sem assumir todos os riscos operacionais. Enquanto os resorts controlados diretamente garantem qualidade e exclusividade sob supervisão da Trump Organization, os resorts licenciados ampliam a presença da marca em mercados estratégicos com menores custos e maior rentabilidade.

Padrões de qualidade e exclusividade

Uma das marcas registradas dos resorts de Donald Trump é a atenção meticulosa aos detalhes. Desde os campos de golfe impecavelmente projetados até os serviços personalizados nos hotéis de luxo, cada elemento é planejado para oferecer uma experiência de alto padrão aos hóspedes.

Os resorts frequentemente incluem restaurantes sofisticados, spas de última geração, suítes luxuosas e áreas de recreação exclusivas. Essa combinação atrai um público diversificado, que inclui turistas de alto poder aquisitivo, jogadores de golfe e participantes de conferências e eventos.

A participação de Donald Trump

Embora Donald Trump não esteja diretamente envolvido na operação diária dos resorts, sua influência é fundamental em áreas como *branding*, estratégia e decisões importantes de expansão. Trump é conhecido por sua capacidade de identificar locais estratégicos para novos empreendimentos e por sua atenção ao design e à estética das propriedades. Ele frequentemente participa do processo de aprovação dos projetos de construção ou reforma, garantindo que os resorts reflitam sua visão de luxo e exclusividade.

Além disso, Trump contribui ativamente para a promoção da marca. Antes de assumir a presidência, ele frequentemente visitava os resorts, participava de eventos e interagia com hóspedes e investidores, consolidando a imagem de que cada propriedade era uma extensão de sua personalidade. Essa associação direta com a marca é uma estratégia que Trump usa para diferenciar seus resorts no competitivo mercado de hospitalidade.

Marketing e fidelização de clientes

Os resorts de Trump também se destacam por suas estratégias de marketing voltadas para o público de alto padrão. Programas de fidelidade, parcerias com eventos internacionais e o uso de mídias sociais para promover as propriedades são algumas das táticas empregadas. Além disso, a reputação da marca Trump atrai um público global, composto por hóspedes que buscam experiências de luxo exclusivas.

Desafios e gestão de crises

Como qualquer grande empresa, os resorts de Trump enfrentam desafios, incluindo flutuações no mercado de turismo, críticas à marca e a necessidade de manter relevância em um setor altamente competitivo. A Trump Organization tem mostrado habilidade em gerenciar essas questões, ajustando suas estratégias de preços e marketing conforme necessário.

A gestão dos resorts de Donald Trump é um exemplo de como o luxo pode ser transformado em um modelo de negócios eficiente e lucrativo. Combinando padrões elevados de qualidade, estratégias de marketing focadas e a visão de Donald Trump, esses empreendimentos continuam a ser líderes no mercado de hospitalidade de alto padrão. A influência direta de Trump, embora menos presente nas operações diárias, sempre foi um elemento-chave no sucesso e na perpetuação da marca que ele construiu.

Estratégias de operação

1. **Foco na experiência do cliente** – Cada resort se concentra em proporcionar experiências exclusivas e personalizadas. Isso inclui serviço de quarto de altíssima qualidade, atendimento personalizado e eventos sob medida.
2. **Manutenção da infraestrutura** – A Trump Organization investe regularmente na manutenção e modernização de suas instalações para garantir que permaneçam competitivas no mercado de luxo.
3. **Parcerias estratégicas** – Muitos resorts colaboram com marcas de renome em setores como gastronomia e *wellness* para atrair clientes de alto nível.
4. **Eventos e torneios** – A organização de eventos de golfe e outros encontros exclusivos é a principal estratégia para aumentar a visibilidade e a receita.

Gestão financeira

A gestão financeira é conduzida de forma rigorosa, com cada resort operando como uma unidade independente, mas reportando toda movimentação à Trump Organization. As metas de receita são monitoradas de perto, e as despesas são controladas para maximizar os lucros. O foco na eficiência operacional garante que os resorts permaneçam lucrativos, mesmo em momentos de turbulência econômica.

Os resorts de Donald Trump representam uma parte crucial de sua organização e de sua identidade como magnata dos negócios. Localizados em pontos estratégicos ao redor do mundo, eles combinam luxo e exclusividade para atrair uma clientela de alto poder aquisitivo. Com receitas substanciais e gestão eficiente, esses empreendimentos continuam a ser um pilar de grande importância para os negócios de Trump.

“

Os resorts de Donald Trump
são símbolos de luxo,
exclusividade e excelência
operacional, características
que definem a marca Trump
no setor de hospitalidade.

”

11

Mar-a-Lago: o refúgio luxuoso de Trump

Um dos empreendimentos mais icônicos de Donald Trump, Mar-a-Lago é tanto uma residência privada quanto um resort de luxo situado em Palm Beach, Flórida. Esse refúgio à beira-mar não apenas representa o estilo extravagante de Trump, mas também ilustra sua habilidade em transformar propriedades de prestígio em ativos lucrativos. Neste capítulo, exploraremos a história de Mar-a-Lago, os detalhes financeiros de sua aquisição e desenvolvimento, as estratégias utilizadas para tornar o empreendimento um sucesso e o papel de Donald Trump em todo esse processo.

A origem de Mar-a-Lago

Construída na década de 1920 por Marjorie Merriweather Post, herdeira da General Foods, Mar-a-Lago foi projetada para ser uma das residências mais grandiosas da Flórida. A mansão, cujo nome significa "do mar ao lago", ocupa uma área de mais de 62 mil metros quadrados entre o Oceano

Atlântico e o Lago Worth. Post desejava que a propriedade fosse utilizada como retiro presidencial após sua morte, mas o governo norte-americano não demonstrou interesse em assumi-la. Em 1981, a propriedade foi colocada à venda, abrindo caminho para o envolvimento de Donald Trump.

Mar-a-Lago, uma das propriedades mais suntuosas de Trump, não foi adquirida de forma convencional. O empresário utilizou uma combinação de paciência, tática de negociação agressiva e um profundo entendimento de como manipular o mercado imobiliário para garantir a compra pelo menor preço possível. Trump, no entanto, conseguiu superar a concorrência e adquirir a propriedade por uma fração de seu valor estimado.

Mar-a-Lago – resort de luxo da Flórida e residência principal de Donald Trump.

O interesse de Donald Trump em Mar-a-Lago

Desde o início dos anos 1980, Donald Trump demonstrava interesse por Mar-a-Lago. A mansão, situada em um dos endereços mais exclusivos dos Estados Unidos, conta com 58 quartos, uma área de quase 70 mil metros quadrados e uma localização privilegiada. Além disso, sua arquitetura grandiosa e sua história a tornavam um verdadeiro símbolo de status e sofisticação.

Trump sabia que se adquirisse a propriedade poderia utilizá-la não apenas como residência pessoal, mas também como um empreendimento lucrativo. Seu interesse em Palm Beach já era evidente com outras tentativas de compra de propriedades na região, mas Mar-a-Lago era a joia que ele realmente queria.

O processo de aquisição e a estratégia de Trump

Na época em que Mar-a-Lago foi colocada à venda, o preço inicial pedido pelos herdeiros de Marjorie Merriweather Post era de aproximadamente US$ 20 milhões. No entanto, devido ao tamanho e aos altos custos de manutenção da propriedade, poucos compradores estavam dispostos a fechar negócio. Trump, ciente dessa dificuldade, usou uma abordagem estratégica para reduzir o preço ao máximo antes de fazer sua oferta.

Criando barreiras à concorrência

Donald Trump soube jogar com a dinâmica do mercado de Palm Beach. Antes de tentar adquirir Mar-a-Lago diretamente, ele comprou terrenos ao redor da propriedade. Um dos mais importantes foi um terreno à beira-mar em frente à mansão, pelo qual pagou cerca de US$ 2 milhões. Com essa jogada, Trump essencialmente bloqueou qualquer outro comprador que quisesse adquirir Mar-a-Lago e tivesse intenção de expandir ou dividir a propriedade para maximizar seu valor.

Essa movimentação estratégica fez com que a propriedade perdesse valor para outros investidores, pois qualquer um que a comprasse teria dificuldades para desenvolver ou modificar o espaço sem enfrentar desafios com os terrenos vizinhos – que agora pertenciam a Trump.

Desvalorização e pressão sobre os vendedores

Com a falta de compradores interessados e a necessidade dos herdeiros de Post de se desfazerem da propriedade devido aos altos custos de manutenção, Trump intensificou sua estratégia. Ele fez uma oferta bem abaixo do preço inicial pedido, sabendo que os vendedores estavam pressionados para fechar um acordo.

A princípio, sua oferta foi rejeitada. No entanto, Trump manteve sua posição e esperou pacientemente que as circunstâncias jogassem a seu favor. Durante esse período, os herdeiros não conseguiram vender a propriedade para nenhum outro comprador disposto a pagar o preço desejado.

Compra pelo melhor preço

Depois de anos de tentativas frustradas de venda por parte dos herdeiros, Trump fez sua oferta final: US$ 10 milhões, a metade do valor inicialmente pedido. Sem opções disponíveis e com os custos de manutenção se acumulando, os vendedores acabaram aceitando o acordo e Trump comprou Mar-a-Lago em 1985.

Esse foi um golpe de mestre de Trump, que não apenas adquiriu a propriedade por metade do preço original, mas também obteve uma das residências mais prestigiadas dos Estados Unidos a um custo significativamente reduzido.

Transformação de Mar-a-Lago em um clube privado

Após a aquisição, Trump investiu aproximadamente US$ 25 milhões na renovação da propriedade, preservando seus detalhes arquitetônicos luxuosos e modernizando suas instalações. No entanto, em vez de usá-la exclusivamente como residência particular, ele teve uma ideia inovadora: transformou Mar-a-Lago em um clube privado exclusivo.

A decisão foi estratégica. Em vez de arcar sozinho com os custos de manutenção da mansão, Trump criou um clube altamente seletivo, cobrando taxas de adesão de até US$ 200.000 por membro, além de anuidades que giravam em torno de US$ 14.000. Esse modelo de negócios transformou um passivo financeiro em uma fonte de receita sustentável.

O desenvolvimento e os investimentos

Após a compra, Trump investiu significativamente na renovação de Mar-a-Lago, especialmente na restauração da propriedade, mantendo detalhes arquitetônicos originais, como tetos ornamentados, lustres de cristal e azulejos espanhóis pintados à mão. Esses investimentos ajudaram a preservar a história e a exclusividade do local.

O clube privado exclusivo construído em Mar-a-Lago inclui instalações luxuosas, com piscinas, quadras de tênis, spa e um restaurante gourmet, atraindo uma clientela de elite. Em 2005, ele acrescentou às instalações da propriedade um salão de festas de 6.000 metros quadrados.

Hoje, Mar-a-Lago está avaliada em cerca de US$ 350 milhões, de acordo com estimativas recentes. Esse valor reflete não apenas a localização única e o tamanho da propriedade, mas também a reputação que Trump construiu em torno do empreendimento. A geração de receita anual do clube privado é significativa. No ano anterior ao início do primeiro mandato de Trump, estima-se que as receitas tenham chegado a 29 milhões de dólares.

Estratégias de negócios

Trump usou diversas estratégias para maximizar o valor de Mar-a-Lago:

1. **Exclusividade** – O alto custo de adesão e as taxas anuais criaram uma aura de exclusividade em torno do clube, atraindo membros influentes e ricos.
2. **Eventos de alto perfil** – Mar-a-Lago tornou-se um destino elitizado para eventos, casamentos e conferências. O local também ganhou notoriedade por sediar encontros políticos e eventos beneficentes.
3. **Marca Trump** – A utilização da marca Trump como sinônimo de luxo e sofisticação atraiu uma clientela fiel e ampliou o apelo de Mar-a-Lago como destino de elite.
4. **Envolvimento pessoal** – Trump frequentemente utiliza Mar-a-Lago como palco para encontros políticos e empresariais, consolidando o papel da propriedade como um centro de influência.

O papel de Donald Trump em Mar-a-Lago foi fundamental em cada etapa de sua transformação. Desde a negociação da compra até a concepção do modelo de clube privado, Trump desempenhou um papel ativo. Sua visão para a propriedade não era apenas de preservá-la como uma residência, mas de utilizá-la como um negócio lucrativo e uma plataforma de influência social e política.

Embora Mar-a-Lago seja um sucesso financeiro, a propriedade não está isenta de controvérsias. Durante a presidência de Trump, a utilização de Mar-a-Lago como uma "Casa Branca de inverno" levantou questões sobre conflitos de interesse e custos para os contribuintes. Além disso, preocupações com a segurança e a proteção das comunicações confidenciais foram amplamente discutidas.

Impacto cultural e social

Mar-a-Lago tornou-se mais do que um negócio; é um símbolo do estilo de vida e da abordagem empresarial de Donald Trump. O resort combina luxo, exclusividade e influência, refletindo a marca pessoal de Trump. Além disso, sua utilização como local de eventos políticos e sociais colocou o local no centro de importantes debates nacionais e internacionais.

Mar-a-Lago é um exemplo notável da habilidade de Donald Trump em identificar oportunidades e transformá-las em negócios lucrativos. Desde sua aquisição até sua evolução como um dos resorts mais famosos do mundo, a propriedade exemplifica a combinação de ambição, visão e estratégia empresarial que caracterizam o seu legado. Apesar das críticas e controvérsias, Mar-a-Lago permanece um dos empreendimentos mais emblemáticos da carreira de Trump.

Lições empreendedoras na aquisição e transformação de Mar-a-Lago

A aquisição e transformação de Mar-a-Lago por Donald Trump são um exemplo perfeito de visão estratégica, negociação inteligente e inovação no mercado imobiliário. O que começou como a compra de uma mansão histórica acabou se tornando um dos símbolos de luxo e poder associados ao império Trump. Mais do que um simples imóvel, Mar-a-Lago tornou-se um modelo de como um ativo pode ser transformado em uma fonte de receita sustentável.

Empreendedores podem extrair várias lições valiosas dessa história, desde como negociar uma compra vantajosa até como maximizar o valor de um investimento por meio da reinvenção do modelo de negócios. Vamos explorar essas lições e como elas podem ser aplicadas a qualquer empreendimento.

A importância da estratégia na negociação

Uma das primeiras lições da aquisição de Mar-a-Lago é que um bom negócio não acontece por acaso, mas sim por meio de estratégia e paciência. Quando Donald Trump identificou que queria a propriedade, ele não fez uma oferta impulsiva. Em vez disso, ele:

- Comprou terrenos vizinhos para reduzir o valor percebido da propriedade.
- Aguardou até que os herdeiros de Marjorie Merriweather Post tivessem dificuldades para vendê-la.
- Fez uma oferta bem abaixo do preço inicial pedido, esperando que o longo tempo de espera pela venda e a falta de outros compradores o favorecessem.

A lição para empreendedores aqui é clara: uma negociação bem-sucedida exige planejamento e paciência. Em qualquer compra ou investimento, é fundamental estudar o mercado, entender as necessidades do vendedor e saber o momento certo de agir.

Transformação de passivos em ativos

Outro grande ensinamento da estratégia de Trump foi sua capacidade de transformar um passivo financeiro em um ativo altamente lucrativo. Manter uma propriedade do porte de Mar-a-Lago representaria custos altíssimos, algo que muitos milionários evitam. Em vez de simplesmente usá-la como residência particular, ele decidiu:

- Transformá-la em um clube privado de luxo, cobrando taxas de adesão e anuidades dos membros.
- Posicioná-la como um espaço exclusivo, aumentando o valor de mercado da propriedade.

- Criar uma experiência de luxo e status, pela qual membros e convidados pagariam altos valores para ter acesso.

Para empreendedores, essa abordagem ensina a importância de monetizar ativos de forma inteligente. Nem todo investimento precisa ser um custo fixo. Com criatividade, um passivo pode ser convertido em uma fonte de renda recorrente, seja por meio de aluguel, licenciamento de marca ou transformação do modelo de negócios.

Exclusividade e alta percepção de valor

Mar-a-Lago não se tornou apenas um clube, mas um símbolo de status. Trump sabia que, para atrair clientes dispostos a pagar taxas altíssimas, precisava vender uma experiência única. Ele implementou estratégias para posicionar Mar-a-Lago como um destino desejado, como:

- Definir taxas de adesão extremamente elevadas para criar um senso de exclusividade.
- Selecionar criteriosamente os membros, aumentando o prestígio do clube.
- Promover a propriedade em eventos sociais e políticos, aumentando sua visibilidade.

A lição para empreendedores aqui é que o valor percebido de um produto ou serviço pode ser tão importante quanto seu valor real. Posicionar sua marca como algo exclusivo e de alta qualidade pode atrair clientes dispostos a pagar mais, aumentando os lucros e fortalecendo a reputação da empresa.

Branding e marketing pessoal como ferramentas de negócios

Donald Trump transformou Mar-a-Lago em um dos cartões de visita de seu império. A propriedade serviu como pano de fundo para eventos de alto nível, reuniões com líderes internacionais e momentos importantes de sua carreira política.

Com isso, ele fez algo que muitos empreendedores negligenciam: usou um ativo físico como uma ferramenta de marketing pessoal. Seu nome foi associado à grandiosidade de Mar-a-Lago, fortalecendo ainda mais sua marca pessoal e empresarial.

Para empreendedores, a lição é que a forma como você se posiciona e usa seus ativos pode ampliar sua visibilidade e influência no mercado. Seja um escritório bem localizado, um produto premium ou um evento exclusivo, tudo pode ser utilizado para reforçar a percepção da marca e atrair clientes.

Adaptação ao mercado e inovação contínua

Ao longo dos anos, Trump soube adaptar o uso de Mar-a-Lago às suas necessidades e às mudanças de mercado. Ele utilizou a propriedade para diversos fins, incluindo:

- Clube privado de luxo.
- Local para eventos corporativos e sociais.
- Residência de inverno durante sua presidência, aumentando ainda mais a visibilidade do local.

Isso demonstra uma lição essencial para empreendedores: um negócio não pode permanecer estagnado. A adaptação ao mercado, a diversificação de usos e a inovação contínua são fundamentais para manter a relevância e a lucratividade de um empreendimento.

A história de Mar-a-Lago não é apenas um exemplo de uma grande aquisição imobiliária, mas um manual prático de estratégias empreendedoras bem-sucedidas. Donald Trump demonstrou como:

- Planejar e esperar o momento certo para adquirir um ativo valioso.
- Transformar um passivo financeiro em uma fonte de renda lucrativa.
- Criar um senso de exclusividade para aumentar o valor percebido.
- Usar propriedades e negócios como ferramentas de marketing pessoal.
- Adaptar e reinventar um empreendimento para maximizar sua longevidade e impacto.

Empreendedores podem aplicar essas lições em qualquer setor. Seja no mercado imobiliário, no varejo ou na tecnologia, a capacidade de enxergar oportunidades, agregar valor e transformar ativos em negócios lucrativos pode fazer a diferença entre um empreendimento comum e um verdadeiro império.

“Mar-a-Lago tornou-se
mais do que um negócio;
é um símbolo do estilo de vida
e da abordagem empresarial
de Donald Trump.”

12

Os fracassos nos negócios

A carreira empreendedora de Donald Trump é amplamente celebrada pelos sucessos emblemáticos, como a Trump Tower, o programa de televisão "O Aprendiz" ou Mar-a-Lago. Contudo, assim como qualquer grande empreendedor, Trump também enfrentou fracassos significativos ao longo de sua trajetória. Alguns deles serviram como lições, enquanto outros deixaram marcas em sua reputação e em seu patrimônio. Este capítulo analisa os fracassos mais notáveis, desde os cassinos em Atlantic City até empreendimentos como a Trump University e a Trump Airlines, mostrando como eles impactaram sua carreira.

Atlantic City: cassinos e grandes apostas

Nos anos 1980, Donald Trump apostou pesado em Atlantic City, acreditando que a região se tornaria um dos maiores destinos de jogos nos Estados Unidos. Ele construiu três cassinos grandiosos: Trump Plaza, Trump Castle e o Trump Taj Mahal, que na época foi descrito como "o maior cassino do mundo".

Embora esses empreendimentos tenham inicialmente atraído atenção, as operações logo enfrentaram dificuldades financeiras devido a altas taxas de juros, concorrência acirrada e uma gestão inadequada. Em 1991, o Trump Taj Mahal entrou com pedido de falência, acumulando uma dívida de quase US$ 3 bilhões. O colapso financeiro obrigou Trump a renegociar com credores, resultando na venda de ativos e na perda do controle de algumas de suas propriedades.

O impacto desses fracassos foi profundo. Embora ele tenha conseguido preservar parte de sua fortuna pessoal, a experiência em Atlantic City destacou os riscos de uma expansão agressiva financiada por altos níveis de endividamento.

Trump Airlines: um voo rápido e turbulento

No final dos anos 1980, Donald Trump buscava expandir seu império além do mercado imobiliário, entrando no setor da aviação comercial. Em 1989, ele adquiriu a Eastern Air Shuttle, uma companhia aérea regional que operava rotas populares entre Nova York, Boston e Washington, D.C. Após a compra, a empresa foi rebatizada como Trump Shuttle, e Trump investiu pesadamente na marca, promovendo uma experiência de luxo e exclusividade para os passageiros.

A Eastern Air Shuttle, companhia aérea regional adquirida por Donald Trump, passou a ser a Trump Shuttle. Apesar do investimento e do apelo de luxo e exclusividade, a empresa deixou de existir após menos de 3 anos.

O investimento incluiu reformas significativas na frota, com interiores mais sofisticados e até detalhes dourados, uma característica típica dos empreendimentos de Trump. No entanto, a estratégia focada no glamour não conseguiu compensar os problemas financeiros e operacionais que rapidamente surgiram.

A Trump Shuttle enfrentou custos operacionais elevados e intensa concorrência de companhias aéreas que ofereciam tarifas muito mais acessíveis. Além disso, o momento econômico desfavorável, agravado pela crise financeira de 1990, tornou ainda mais difícil manter a empresa lucrativa. Com dívidas crescentes e baixa rentabilidade, a Trump Shuttle tornou-se insustentável em poucos anos.

Em 1992, Trump perdeu o controle da companhia para os credores, encerrando sua curta e turbulenta jornada no setor da aviação. A empresa foi posteriormente absorvida pela US Airways, e o nome Trump desapareceu dos céus.

O fracasso da Trump Airlines revelou os riscos de diversificação excessiva sem um entendimento profundo do setor. Embora a ideia de capitalizar em sua marca tenha sido uma estratégia familiar a Trump, a entrada no competitivo mercado de aviação expôs as limitações dessa abordagem. A Trump Airlines tornou-se um exemplo de como mesmo empresários visionários podem subestimar os desafios de operar em indústrias altamente complexas e dinâmicas.

Trump University: ensino que não agradou

Em 2005, Donald Trump lançou a Trump University, um programa educacional que prometia ensinar estratégias para o sucesso no mercado imobiliário. Comercializado com slogans como "Aprenda com Donald Trump", o programa cobrava de seus participantes até US$ 35 mil por cursos premium.

No entanto, a Trump University rapidamente se tornou alvo de críticas e processos judiciais. Ex-alunos alegaram que os cursos não entregavam o valor prometido e que Trump não estava pessoalmente envolvido no ensino. Em 2016, Trump concordou em pagar US$ 25 milhões para resolver os processos judiciais, encerrando a polêmica.

Embora tenha sido um golpe financeiro relativamente pequeno para Trump, a controvérsia em torno da Trump University afetou sua reputação, especialmente durante sua primeira campanha presidencial.

Trump University, um programa educacional que prometia ensinar estratégias para o sucesso no mercado imobiliário.

Empreendimentos licenciados: produtos que não duraram

Ao longo dos anos, Donald Trump também licenciou seu nome para uma variedade de produtos e serviços, desde bifes e vodca até colchões e jogos de tabuleiro. Muitos desses empreendimentos fracassaram rapidamente devido à falta de demanda ou problemas de qualidade. Veja a seguir alguns dos produtos licenciados com a marca Trump que não alcançaram o sucesso esperado e tiveram resultados decepcionantes.

Trump Vodka

Em 2006, Donald Trump decidiu expandir sua marca para o mercado de bebidas alcoólicas com o lançamento da Trump Vodka. Apresentada como uma vodka *premium*, o produto tinha o slogan ambicioso de ser "a vodka de pessoas de sucesso", alinhando-se à imagem luxuosa que Trump cultivava em seus outros empreendimentos. Produzida pela Drinks Americas, a bebida era promovida como uma alternativa de alta qualidade às marcas líderes, com o objetivo de se tornar um destaque em bares e festas ao redor do mundo.

Inicialmente, a Trump Vodka gerou curiosidade e atraiu consumidores interessados na associação com o nome Trump. O design da garrafa, elegante e dourado, refletia o estilo característico de ostentação da marca. No entanto, o sucesso inicial foi rapidamente substituído por uma série de problemas que levaram ao seu fracasso.

Primeiro, Trump não consumia álcool, algo que enfraqueceu a autenticidade da promoção do produto. Muitos consumidores questionaram como alguém que não bebe poderia representar uma marca de vodka. Além disso, o mercado de vodkas *premium* já estava saturado, com marcas consolidadas dominando as vendas. A Trump Vodka não conseguiu se destacar em termos de sabor ou qualidade, ficando aquém das expectativas do público.

Outro fator determinante foi a dificuldade de distribuição, que limitou a disponibilidade da bebida em mercados estratégicos. Em poucos anos, as vendas despencaram, e a produção foi descontinuada em 2011.

Trump Vodka, apresentada como uma vodka *premium*, o tinha o slogan ambicioso de ser "a vodka de pessoas de sucesso",

A Trump Vodka se tornou mais um exemplo de como a estratégia de licenciamento de marca de Trump nem sempre era suficiente para garantir sucesso em mercados competitivos. Apesar da tentativa de associar o luxo e o prestígio da marca Trump ao produto, a vodka não conseguiu sobreviver à realidade comercial e à forte concorrência.

Trump Steaks

Em 2007, Donald Trump tentou conquistar o mercado de alimentos de luxo com o lançamento do Trump Steaks, uma linha de cortes de carne *premium*. Prometendo ser a "melhor carne do mundo", o produto era direcionado a consumidores exigentes que buscavam qualidade superior. As carnes foram introduzidas como parte de uma parceria com a The Sharper Image, uma rede conhecida por vender produtos inovadores e de alto padrão.

O lançamento foi acompanhado por uma campanha de marketing grandiosa, incluindo anúncios em que Trump aparecia promovendo pessoalmente a linha de carnes. Ele descrevia os cortes como "magníficos" e "o que há de melhor". No entanto, apesar do entusiasmo inicial, o Trump Steaks falhou em conquistar os consumidores e rapidamente se tornou uma das empreitadas de Trump com os piores resultados.

Um dos principais problemas foi o canal de distribuição escolhido. As carnes eram vendidas exclusivamente nas lojas da The Sharper Image, que não tinham experiência com alimentos perecíveis. Isso resultou em problemas logísticos e limitações para atingir um público maior. Além disso, o preço elevado dos cortes afastou muitos consumidores, que optavam por alternativas mais acessíveis e igualmente de alta qualidade disponíveis em açougues e supermercados.

Outro ponto crítico foi a falta de diferenciação. Apesar do marketing agressivo, os Trump Steaks não se destacavam em sabor ou qualidade diferenciada, o que dificultou a fidelização dos clientes. Em menos de dois meses, a linha foi retirada das prateleiras da The Sharper Image devido à baixa demanda.

O fracasso do Trump Steaks mostrou as limitações da estratégia de licenciamento da marca Trump. Mesmo com seu nome associado a luxo e prestígio, o produto não conseguiu atender às expectativas do mercado e se tornou um exemplo clássico de como nem toda ideia aparentemente grandiosa resulta em sucesso comercial.

Jogos de tabuleiro

Nos anos 1980 e 1990, Donald Trump expandiu sua marca para além do setor imobiliário, licenciando seu nome para uma ampla variedade de produtos. Entre eles, surgiram os jogos de tabuleiro inspirados em sua imagem de magnata dos negócios. Um dos mais conhecidos foi *Trump: The Game*, lançado em 1989 pela Milton Bradley. Prometendo oferecer aos jogadores a chance de experimentar o "mundo dos grandes negócios" ao estilo Trump, o jogo parecia uma extensão natural da personalidade ambiciosa e competitiva de seu criador.

Apesar da estratégia de marketing e da associação direta com a figura de Trump, o jogo foi um fracasso comercial. As vendas iniciais ficaram muito abaixo das expectativas, em parte porque a dinâmica do jogo era considerada confusa e pouco envolvente. Diferentemente de outros jogos de tabuleiro de sucesso, como *Monopoly*, que capturam a essência da diversão e da estratégia, *Trump: The Game* foi criticado por ser excessivamente complicado e por não entregar a promessa de uma experiência realmente envolvente.

Em 2004, com a popularidade renovada de Donald Trump devido ao sucesso do reality show *"The Apprentice"*, *Trump: The Game* foi relançado, mas novamente falhou em atrair o público. A tentativa de resgatar o interesse no produto demonstrou que o nome Trump, embora poderoso em outros contextos, não era suficiente para garantir sucesso em todas as áreas.

O fracasso desse lançamento reflete os limites do licenciamento de marca. Mesmo com um nome tão conhecido, o produto precisa oferecer qualidade e apelo genuíno. *Trump: The Game* tornou-se um exemplo clássico de como até mesmo grandes personalidades podem enfrentar dificuldades ao tentar expandir sua influência para mercados desconhecidos.

The Trump Network: o empreendimento de vitaminas de Donald Trump

The Trump Network foi uma empreitada lançada em 2009, no setor de marketing multinível, focada na venda de vitaminas e suplementos alimentares personalizados. A empresa foi apresentada como uma oportunidade de negócios para empreendedores individuais, prometendo transformar vidas ao oferecer produtos que combinavam saúde e bem-estar com uma abordagem inovadora de personalização.

O conceito central da Trump Network girava em torno do "Custom Essentials", um programa que analisava amostras de urina dos clientes para criar suplementos vitamínicos sob medida. Esse diferencial foi promovido como uma forma de atingir resultados personalizados, alinhados às necessidades nutricionais individuais de cada consumidor.

Trump utilizou sua influência e sua marca como sinônimos de sucesso e luxo para atrair distribuidores e consumidores. Na época, o setor de saúde e bem-estar estava em alta, e a ideia parecia promissora. No entanto, a Trump Network enfrentou diversos desafios.

Primeiramente, a credibilidade científica do programa foi questionada por especialistas da área médica, que alegaram falta de comprovação sobre a eficácia dos suplementos personalizados. Além disso, o modelo de marketing multinível foi criticado por ser financeiramente insustentável para muitos distribuidores. A concorrência acirrada no setor e as dificuldades em expandir a base de clientes também contribuíram para os resultados abaixo do esperado.

Em 2012, apenas três anos após seu lançamento, a Trump Network foi vendida para uma empresa de biotecnologia chamada Bioceutica, marcando o fim de suas operações sob o nome de Trump. Embora seja um dos empreendimentos menos conhecidos de Donald Trump, sua breve existência reflete os desafios que até mesmo marcas renomadas podem enfrentar ao entrar em mercados altamente competitivos e especializados.

Hotéis e resorts que não "emplacaram"

Embora muitos hotéis com a marca Trump tenham sido bem-sucedidos, nem todos os empreendimentos no setor de hospitalidade tiveram o mesmo destino. Um exemplo é o Trump Ocean Resort Baja Mexico, um projeto anunciado em 2006, como um complexo de luxo em Tijuana.

Investidores compraram unidades na planta, confiando na reputação de Trump. No entanto, o projeto foi cancelado em 2009 devido à crise financeira global, deixando compradores furiosos que abriram processos exigindo reembolsos. Trump afirmou que sua empresa apenas licenciou o nome para o projeto, mas o dano à sua imagem já estava feito.

O impacto dos fracassos na imagem de Trump

Apesar desses fracassos, Donald Trump sempre mostrou uma habilidade notável para contornar crises e transformar narrativas negativas em oportunidades. Ele frequentemente descrevia seus insucessos como parte do "jogo dos negócios", argumentando que todo empreendedor enfrenta desafios e que sua resiliência era prova de sua competência.

Além disso, os fracassos não impediram Trump de continuar expandindo sua marca e explorando novas áreas. Sua presença constante na mídia, incluindo a bem-sucedida carreira como apresentador de "O Aprendiz", ajudou a manter sua imagem de empreendedor bem-sucedido intacta para grande parte do público.

Líder na controvérsia

Os fracassos também alimentaram a divisão de opiniões sobre Trump. Seus apoiadores frequentemente apontam sua resiliência como uma qualidade admirável, enquanto seus críticos argumentam que muitos de seus fracassos poderiam ter sido evitados com uma abordagem mais cautelosa e transparente.

Independentemente das opiniões, os fracassos de Donald Trump destacam a complexidade de sua carreira. Eles mostram um empreendedor disposto a assumir grandes riscos, mas também ilustram as consequências de estratégias mal planejadas e da dependência excessiva do *branding*.

Os fracassos nos negócios de Donald Trump são uma parte inevitável de sua história. Eles revelam tanto as limitações de sua abordagem empresarial quanto sua capacidade de se recuperar e permanecer relevante. Embora esses insucessos tenham gerado polêmicas e afetado sua reputação, eles também serviram como lembretes de que até os empreendedores mais bem-sucedidos enfrentam adversidades. No caso de Trump, sua habilidade de sobreviver a essas tempestades é parte integrante de seu legado.

Ao longo de sua carreira, Donald Trump construiu uma reputação como um empreendedor audacioso, mas também enfrentou diversos reveses em seus negócios. Ele aprendeu a transformar contratempos em oportunidades. Sua abordagem para lidar com situações adversas se tornou uma parte central de sua narrativa pública, destacando sua resiliência e habilidade de recomeçar.

Trump sempre minimizou o impacto dos fracassos, tratando-os como riscos calculados do mundo dos negócios. Ele frequentemente destacou que grandes empreendedores enfrentam desafios e falhas no caminho para o sucesso. Essa postura o ajudou a proteger sua imagem pública, apresentando-o como alguém que sabe superar adversidades. Por exemplo, mesmo com a falência de seus cassinos em Atlantic City, ele renegociou dívidas com credores e manteve parte de seus ativos, provando sua capacidade de gerenciar crises.

Outro elemento-chave foi sua habilidade de mudar a narrativa. Quando a Trump Airlines e a Trump Vodka fracassaram, ele rapidamente redirecionou sua atenção para novos empreendimentos e parcerias. Trump utilizou a força de sua marca pessoal para se manter relevante e para atrair novas oportunidades, mesmo em setores nos quais já havia enfrentado dificuldades.

Adicionalmente, Trump soube explorar sua presença na mídia como ferramenta de recuperação. Ele usou programas como "O Aprendiz" para reforçar sua imagem de empresário bem-sucedido, minimizando os impactos dos fracassos anteriores em sua reputação.

Embora suas estratégias nem sempre tenham sido suficientes para evitar críticas, elas demonstram sua habilidade de usar contratempos como trampolins para novas iniciativas. Sua resiliência e capacidade de adaptação são marcas de sua carreira empreendedora e de sua trajetória de vida.

“Apesar desses fracassos, Donald Trump sempre mostrou uma habilidade notável para contornar crises e transformar narrativas negativas em oportunidades.”

13

Trump Media & Technology Group: estratégia, gestão e expansão no mercado digital

Ao longo de sua carreira, Donald Trump demonstrou uma habilidade única de identificar oportunidades de negócios e expandir sua marca para diferentes setores. Desde o setor imobiliário até a indústria do entretenimento, passando por cassinos, licenciamento de marcas e programas de televisão, Trump sempre se posicionou como um empreendedor estratégico e visionário.

A fundação da Trump Media & Technology Group (TMTG) segue essa mesma lógica empresarial. Criada em 2021, a TMTG representa um dos movimentos mais ousados de Trump na era digital, entrando em um setor competitivo dominado por gigantes como Facebook, Twitter e YouTube. Mais do que uma empresa de tecnologia, a TMTG nasceu com um propósito estratégico: capitalizar a influência da marca Trump e criar um ecossistema próprio de mídia, comunicação e negócios digitais.

Neste capítulo, vamos explorar a criação, a gestão e os objetivos da Trump Media & Technology Group, destacando lições valiosas de empreendedorismo, marketing e administração para empreendedores e gestores.

A criação da Trump Media & Technology Group

Após sua saída do primeiro mandato como presidente dos Estados Unidos, Donald Trump se viu diante de um desafio e, ao mesmo tempo, de uma grande oportunidade. As principais plataformas de redes sociais, como Twitter e Facebook, baniram suas contas, limitando sua comunicação direta com milhões de seguidores.

Para um empresário que sempre utilizou a mídia como ferramenta de crescimento e influência, esse bloqueio representava um obstáculo significativo. Em resposta, Trump fez o que qualquer grande empreendedor faria diante de uma barreira: criou sua própria solução.

A Trump Media & Technology Group foi lançada oficialmente em outubro de 2021, com um objetivo claro: desafiar o monopólio das *big techs* e oferecer uma plataforma alternativa de mídia social e comunicação digital. O primeiro grande projeto da empresa foi a criação da Truth Social, uma rede social com um apelo forte para a liberdade de expressão e o público conservador.

Trump Media & Technology Group – "braço" digital da Trump Organization.

A estratégia de Trump seguiu um modelo clássico de empreendedorismo:

- **Identificação de uma lacuna no mercado** – O domínio das grandes plataformas criou um vácuo para soluções alternativas de mídia digital.
- **Aproveitamento da força da marca pessoal** – Trump utilizou sua reputação e base de seguidores como alavanca para impulsionar a nova empresa.
- **Entrada em um mercado com alta demanda** – O aumento da polarização política e a busca por plataformas independentes criaram um nicho propício para a Truth Social.

A criação da Trump Media & Technology Group demonstra a importância da visão estratégica para qualquer empreendedor que deseja expandir seus negócios para novas áreas.

Gestão

A TMTG opera sob um modelo de gestão altamente focado na marca pessoal, na comunicação direta com o público e na inovação digital. Veja a seguir algumas estratégias adotadas essenciais para entender o funcionamento e a gestão da empresa.

Posicionamento de marca e público-alvo

Desde o lançamento, a TMTG deixou claro que seu principal diferencial é a liberdade de expressão. Esse posicionamento estratégico ajudou a empresa a criar uma base fiel de usuários e diferenciar-se dos concorrentes estabelecidos.

Uma lição importante que podemos tirar das estratégias adotadas por Trump, que o levaram a criar a TMTG, é que o sucesso de um negócio depende de um posicionamento claro e diferenciado. Empresas que conseguem definir bem seu público e propósito têm mais chances de crescer em mercados competitivos.

Crescimento acelerado e modelo de negócios

A Trump Media & Technology Group adotou um modelo de crescimento acelerado, buscando rapidamente ganhar usuários e aumentar sua relevância no mercado. Isso foi feito por meio de:

- Acordos de fusão e aquisição para ampliar sua infraestrutura digital.
- Lançamento rápido da Truth Social, visando capturar usuários insatisfeitos com as plataformas tradicionais.
- Parcerias estratégicas, como a colaboração de investidores alinhados com os valores da empresa.

No mundo dos negócios digitais, a velocidade de execução é um fator crítico. Empresas que demoram para lançar produtos podem perder espaço para concorrentes mais ágeis.

Monetização e expansão

Embora a *Truth Social* tenha sido o primeiro grande projeto da TMTG, a empresa não se limitou a isso. Há planos de expansão para outras áreas, incluindo:

- Plataformas de *streaming* para concorrer com Netflix e YouTube.
- Serviços de notícias e podcasts para reforçar sua presença na mídia.
- Modelos de receita diversificados, incluindo assinaturas premium e publicidade direcionada.
- Investimentos online, especialmente criptomoedas.

Outra lição importante que podemos tirar da estratégia de diversificar os produtos da TMTG é que não devemos depender de apenas um produto ou serviço. Empresas bem-sucedidas criam ecossistemas completos, aumentando suas fontes de receita e reduzindo riscos. Como diz o antigo e sábio ditado: "Nunca coloque todos os ovos em uma única cesta".

Os objetivos da Trump Media & Technology Group

A TMTG tem três objetivos principais que guiam sua estratégia de crescimento:

1. Criar uma alternativa às big techs

A empresa busca oferecer uma plataforma independente, na qual usuários possam se expressar sem as restrições das redes tradicionais.

2. Monetizar a base de seguidores de Trump

Ao transformar sua influência em uma plataforma própria, Trump consegue capitalizar sua marca pessoal e gerar receitas significativas.

3. Expandir para outros setores de mídia e tecnologia

Com a Truth Social já estabelecida, a TMTG planeja crescer para outras áreas de mídia e negócios digitais, ampliando seu alcance e influência.

Um bom negócio não nasce apenas para competir, mas para criar algo único que atenda uma necessidade real do mercado.

Os planos da TMTG no setor de Bitcoins

Em uma iniciativa estratégica para diversificar e expandir suas operações, a Trump Media & Technology Group (TMTG) anunciou recentemente planos de ingressar no mercado de criptomoedas, especificamente com o lançamento de fundos negociados em bolsa (ETFs) focados em Bitcoin. Essa movimentação visa alinhar-se às tendências emergentes do mercado financeiro e capitalizar o crescente interesse em ativos digitais.

A TMTG apresentou pedidos de registro de marca para seis novos produtos de investimento, incluindo o "Truth.Fi Bitcoin Plus ETF", o "Truth. Fi Made in America ETF" e o "Truth.Fi U.S. Energy Independence ETF". Esses ETFs estão projetados para focar em setores como criptomoedas, manufatura americana e independência energética dos EUA.

Além dos ETFs, a TMTG planeja lançar Contas Gerenciadas Separadamente (SMAs) em parceria com a empresa de serviços financeiros Charles Schwab. Essas SMAs são portfólios de investimento gerenciados para investidores individuais ou institucionais, permitindo uma abordagem personalizada na gestão de ativos.

Objetivos estratégicos da TMTG no mercado de Bitcoin:

1. **Diversificação de produtos de investimento** – Ao introduzir ETFs e SMAs focados em Bitcoin, a TMTG busca diversificar

seu portfólio de produtos financeiros, oferecendo aos investidores alternativas alinhadas às políticas de "America First" e ao crescente interesse em criptomoedas.

2. **Aproveitamento da marca "Truth"** – A marca "Truth" já está associada à plataforma de mídia social da TMTG, a Truth Social. Expandir essa marca para o setor financeiro com o "Truth.Fi" visa alavancar o reconhecimento existente e promover uma imagem de transparência e confiança nos produtos de investimento oferecidos.
3. **Atendimento à demanda crescente por ativos digitais** – Com o aumento da aceitação e do interesse em criptomoedas, a TMTG pretende posicionar-se como uma fornecedora líder de produtos de investimento em Bitcoin, atendendo à demanda de investidores que buscam exposição a esses ativos.
4. **Promoção de alternativas competitivas** – De acordo com Devin Nunes, CEO da TMTG, a empresa busca oferecer aos investidores alternativas competitivas em relação aos fundos tradicionais, especialmente aqueles com enfoques progressistas. Os novos produtos de investimento refletem as prioridades da administração republicana, incluindo medidas protecionistas e o fomento da indústria de criptomoedas.

A entrada da Trump Media & Technology Group no mercado de Bitcoin representa uma expansão estratégica de suas operações no setor financeiro e tecnológico. Ao lançar produtos de investimento focados em criptomoedas, a TMTG almeja diversificar seu portfólio, capitalizar o crescente interesse em ativos digitais e oferecer alternativas alinhadas às suas políticas e valores corporativos.

Para empreendedores e profissionais de negócios, essa iniciativa destaca a importância de identificar tendências emergentes e alinhar ofertas de produtos às demandas do mercado, mantendo a coerência com a marca e os valores da empresa.

O que podemos aprender com a Trump Media & Technology Group?

A trajetória da TMTG e de como Donald Trump chegou à decisão de sua criação nos ensina algumas lições valiosas de empreendedorismo, gestão e estratégia de negócios:

- Adapte-se rapidamente às mudanças – Diante de um problema (o banimento das redes sociais), Trump criou uma solução própria.
- Use sua marca pessoal como ativo – A influência de Trump ajudou a empresa a crescer rapidamente.
- Entre em mercados com alta demanda – A insatisfação com as big techs criou um público-alvo pronto para uma nova alternativa.
- Diversifique suas fontes de receita – A TMTG já planeja a expansão para outras áreas além das redes sociais, como a área de investimentos em bitcoins.
- Tenha um posicionamento forte e claro – Uma empresa que sabe o que representa e para quem fala tem mais chances de fidelizar clientes.

A Trump Media & Technology Group é um exemplo fascinante de como empreendedores podem transformar desafios em oportunidades e criar negócios bem-sucedidos mesmo em mercados altamente competitivos.

“

Mais do que uma
empresa de tecnologia,
a TMTG nasceu com
um propósito estratégico:
capitalizar a influência
da marca Trump e criar
um ecossistema próprio
de mídia, comunicação
e negócios digitais.

”

14

Os projetos empresariais: presente e futuro

Donald Trump, uma figura emblemática tanto no mundo dos negócios quanto na política, continua sendo um nome marcante no mercado global. Mesmo durante seu tempo como presidente dos Estados Unidos, estando afastado do comando diário da empresa, Trump mantém um papel ativo na supervisão e na expansão de seus empreendimentos. Seus projetos atuais e futuros refletem não apenas sua ambição, mas também sua habilidade em se adaptar às demandas do mercado e às mudanças no cenário econômico global. Este capítulo examina os principais focos empresariais de Trump no presente e os possíveis caminhos que ele planeja trilhar no futuro.

Projetos atuais: recuperação e expansão

Após deixar a presidência dos Estados Unidos, em 2021, Donald Trump voltou a concentrar esforços na Trump Organization, o conglomerado que administra seus empreendimentos imobiliários, campos de golfe, hotéis e outras iniciativas. Embora tenha enfrentado desafios econômicos e legais, Trump mostrou resiliência ao reestruturar suas operações e explorar novas oportunidades. Durante boa parte do período entre sua saída da Casa Branca até o início de sua última e vitoriosa campanha para retornar à presidência dos Estados Unidos, Donald Trump voltou a se dedicar em tempo integral aos seus negócios, tanto no comando quanto no cuidado com a futura transição do poder para seus filhos. Vários novos projetos surgiram e algumas correções de rumo nos negócios foram feitas.

1. Campos de golfe e resorts de luxo

Os campos de golfe da Trump Organization continuam sendo um dos pilares mais fortes de seu portfólio. Para o futuro próximo, Trump tem planos de expandir suas propriedades de golfe, com foco em mercados emergentes da Ásia e do Oriente Médio. A crescente popularidade do golfe em países como Emirados Árabes Unidos, Índia e China apresenta uma oportunidade de crescimento significativo para a marca Trump nesses locais.

2. Expansão no mercado imobiliário

Apesar das polêmicas, o setor imobiliário continua sendo um dos principais focos da Trump Organization. Recentemente, Trump investiu na renovação de propriedades icônicas e na construção de empreendimentos residenciais de luxo. Projetos em cidades como Nova York, Las Vegas e Chicago buscam atrair compradores internacionais que associam a marca Trump ao luxo e à exclusividade.

Uma área de crescimento potencial está nos empreendimentos imobiliários sustentáveis. Com a crescente demanda por construções ecologicamente corretas, Trump começou a explorar projetos que incorporam tecnologias verdes, como eficiência energética e fontes renováveis. Isso não só atende às tendências do mercado, mas também fortalece a reputação da marca em um mundo cada vez mais voltado para a sustentabilidade.

3. A indústria da hospitalidade

Os hotéis da marca Trump permanecem populares entre turistas e executivos. No entanto, o impacto da pandemia na indústria de hospitalidade levou a uma reavaliação estratégica. Trump está buscando diversificar sua oferta, focando em propriedades que possam atrair tanto viajantes de negócios quanto famílias.

Além disso, há planos de expandir para destinos internacionais, especialmente na Ásia e América Latina, onde o turismo de luxo está em alta. Essa estratégia inclui parcerias com empresas locais para desenvolver hotéis e resorts sob o nome Trump, reduzindo riscos financeiros e operacionais.

4. Negócios digitais

No campo digital, Donald Trump lançou a Truth Social, uma plataforma de mídia social criada como alternativa às plataformas tradicionais, como Twitter e Facebook. A Truth Social, como já vimos, é parte de uma empresa maior: a Trump Media & Technology Group, braço digital de Donald Trump. A empresa se posiciona como uma força no mercado digital, tanto no segmento de mídias sociais, quanto em outras que possam agregar valor à TMTG.

Projetos futuros: ambição e adaptação

Os planos futuros de Donald Trump demonstram sua intenção de expandir ainda mais sua influência e explorar mercados emergentes. Ele também busca diversificar suas operações para atender às novas demandas globais, garantindo que a marca Trump permaneça relevante no cenário internacional.

1. Investimento em tecnologia imobiliária

Trump tem explorado como a tecnologia pode revolucionar o mercado imobiliário. Ele planeja investir em plataformas de tecnologia imobiliária que utilizem inteligência artificial, big data e realidade aumentada para aprimorar a experiência do cliente. Isso inclui ferramentas para compradores visualizarem propriedades em 3D e soluções digitais para gestão de empreendimentos.

Essa abordagem é particularmente relevante em um mundo onde muitos negócios imobiliários começam no ambiente online. A aposta em tecnologia pode posicionar a Trump Organization na vanguarda da inovação no setor.

2. Campos de golfe inteligentes

O mercado que envolve a prática do golfe é amplamente conhecido por Trump, mas ele está olhando para o futuro com a implementação de tecnologia avançada em seus campos. Planos incluem a integração de sistemas inteligentes para monitoramento de condições climáticas, gerenciamento de reservas e melhorias na experiência dos jogadores, como simuladores e análise de desempenho.

Além disso, Trump está considerando o desenvolvimento de instalações híbridas que combinem campos de golfe tradicionais com opções para esportes e entretenimento, atraindo públicos mais diversos.

3. Licenciamento global de marca

O licenciamento da marca Trump continua sendo uma estratégia-chave para o crescimento. Trump planeja expandir seu alcance em mercados emergentes, licenciando seu nome para empreendimentos imobiliários, hotéis e outros produtos de consumo. Países como Brasil, Índia e Indonésia são alvos potenciais, com demanda crescente por marcas associadas ao luxo e prestígio.

Essa estratégia permite que Trump lucre com sua marca sem assumir riscos diretos, delegando a gestão e os custos de desenvolvimento a parceiros locais.

4. Sustentabilidade e inovação

Embora Trump tenha sido cético em relação às mudanças climáticas em sua carreira política, ele está começando a reconhecer o valor comercial de investir em sustentabilidade. Planos incluem o desenvolvimento de edifícios e resorts que utilizem tecnologias de ponta para eficiência energética e redução de emissões de carbono. Essa mudança estratégica não apenas atende às expectativas de consumidores mais conscientes, mas também abre portas para subsídios e incentivos governamentais.

5. Expansão no mercado digital

Além da Truth Social, Trump tem planos de investir em outras plataformas digitais, incluindo *streaming* e mídia alternativa. Ele busca capitalizar na crescente demanda por conteúdo exclusivo, especialmente entre públicos conservadores. Essa estratégia pode incluir parcerias com criadores de conteúdo e o desenvolvimento de plataformas próprias de *streaming*.

Desafios no caminho

Embora Donald Trump tenha ambições claras, ele enfrenta desafios significativos. A polarização política gerada durante seu mandato presidencial afeta tanto sua reputação quanto a disposição de alguns mercados em fazer negócios com ele. Além disso, litígios legais envolvendo a Trump Organization podem limitar sua capacidade de operar em certas jurisdições.

Outro desafio é a crescente competição em setores como hospitalidade e tecnologia. Para garantir o sucesso de seus planos futuros, Trump precisará inovar constantemente e se adaptar às rápidas mudanças nos mercados globais.

Os projetos empresariais de Donald Trump para o presente e o futuro refletem sua ambição incansável e sua habilidade em transformar oportunidades em resultados concretos. Desde a expansão de seus campos de golfe até investimentos em tecnologia e sustentabilidade, Trump demonstra um foco contínuo em manter sua marca relevante e lucrativa. Embora enfrente desafios consideráveis, sua resiliência e visão estratégica continuam a impulsionar sua posição como uma das figuras mais marcantes do mundo dos negócios. Com uma abordagem que equilibra tradição e inovação, Trump está preparado para enfrentar o futuro com a mesma audácia que definiu sua trajetória até aqui.

Gestão empresarial durante o segundo mandato

Ao assumir seu segundo mandato como presidente dos Estados Unidos, Trump se afastou formalmente da gestão diária da Trump Organization, conforme exigido pelas regras de ética presidencial. Seus filhos, Donald Trump Jr. e Eric Trump, permaneceram no comando da empresa, supervisionando os negócios imobiliários, campos de golfe e hotéis que compõem o núcleo da organização. Contudo, Trump ainda mantém um interesse ativo em decisões estratégicas e na manutenção da força de sua marca.

Foco após o primeiro mandato: retomada da Trump Organization

Após cumprir seu primeiro mandato, Donald Trump redirecionou sua atenção total para a Trump Organization. Ele buscou não apenas retomar o controle operacional, mas também reposicionar sua marca em setores-chave e explorar novas oportunidades. Esses novos planos e seu redirecionamento foram seguidos e implantados por seus filhos, e continuam, agora que ele assumiu seu segundo mandato na presidência dos Estados Unidos.

Campos de golfe e resorts de luxo

Os campos de golfe continuaram sendo um dos pilares mais fortes de seus negócios. Antes de assumir seu segundo mandato, Trump investiu na renovação de propriedades existentes, como o Trump National Doral, em Miami, e o Trump Turnberry, na Escócia. Ele também anunciou planos de expansão, mirando mercados emergentes, como a Ásia e o Oriente Médio, onde o golfe está em crescimento.

Trump introduziu melhorias tecnológicas em seus campos, incluindo sistemas avançados de gestão e serviços digitais para clientes, como aplicativos personalizados para reservas e análise de desempenho dos jogadores. Essas iniciativas não apenas melhoraram a experiência dos frequentadores, mas também ajudaram a atrair uma nova geração de entusiastas do golfe.

Novos projetos, novas propostas

Trump continuou a explorar mercados globais para licenciar sua marca a empreendimentos imobiliários de alto padrão. A Trump Organization está em constantes negociações para se associar a desenvolvedores locais de vários países, no intuito de criar edifícios residenciais e comerciais que ostentem o nome Trump.

No que diz respeito aos negócios ligados à indústria de hospitalidade, Trump utilizou o momento pós-pandemia para reestruturar e reposicionar seus hotéis. Ele investiu em melhorias nos serviços e nas instalações para atrair tanto viajantes de negócios quanto turistas de alto padrão.

Além disso, Trump está procurando aumentar sua presença em mercados turísticos emergentes, como Caribe e América Latina, buscando parcerias estratégicas para o desenvolvimento de resorts de luxo. Esses empreendimentos foram projetados para oferecer experiências exclusivas, como atividades personalizadas e acesso a serviços premium.

Trump Media & Technology Group, Truth Social e expansão digital

A Trump Organization diversificou sua atuação para incluir o setor de tecnologia. Trump criou a Trump Media & Tecnology Group (TMTG) e lançou a Truth Social, uma plataforma de mídia social destinada a oferecer uma alternativa às plataformas tradicionais. Esse projeto reflete sua estratégia de capitalizar em sua base de seguidores, criando um espaço onde pudesse controlar a narrativa e se comunicar diretamente com seu público.

Além da Truth Social, a TMGT está trabalhando em projetos diversos na área digital, com ênfase, no momento, na área de investimentos, especialmente no que diz respeito às bitcoins.

A Truth Social é uma plataforma de mídia social destinada a oferecer uma alternativa às plataformas tradicionais.

“Seus projetos atuais e futuros refletem não apenas sua ambição, mas também sua habilidade em se adaptar às demandas do mercado e às mudanças no cenário econômico global.”

15

O que podemos aprender com o empreendedorismo de Donald Trump

Donald Trump é uma figura polêmica no mundo dos negócios e da política, mas sua trajetória como empreendedor e administrador oferece lições valiosas tanto em termos de sucessos quanto de fracassos. Ao longo de décadas, ele construiu um império que inclui propriedades imobiliárias, resorts de luxo, campos de golfe e licenciamento de sua marca. Embora tenha enfrentado várias controvérsias e dificuldades, suas estratégias empresariais são inegavelmente vitoriosas e suas experiências podem inspirar empreendedores e administradores a avaliar como tomar decisões, gerenciar crises e explorar oportunidades.

Pense grande

Uma das características mais marcantes de Donald Trump é sua visão ambiciosa. Desde o início de sua carreira, ele buscou criar empreendimentos que se destacassem por sua grandiosidade e sofisticação. Propriedades como a Trump Tower e resorts icônicos como Mar-a-Lago são exemplos de como Trump sempre buscou posicionar sua marca como sinônimo de luxo e exclusividade.

Ter uma visão clara do que sua marca representa é essencial para diferenciar-se no mercado. Trump mostrou que investir em uma identidade de marca forte pode agregar valor e atrair clientes dispostos a pagar mais pela experiência associada a esse nome.

Resiliência e recuperação

Ao longo de sua carreira, Trump enfrentou crises significativas, incluindo vários pedidos de falência corporativa relacionados a seus cassinos em Atlantic City. Em vez de desistir, ele usou esses momentos como oportunidades para renegociar dívidas, reestruturar seus negócios e aprender com os erros.

Os fracassos fazem parte da jornada empresarial. A capacidade de se adaptar e se recuperar é uma das habilidades mais valiosas que um empreendedor pode desenvolver. Aprender com os erros e ajustar as estratégias é fundamental para manter a relevância no mercado. Não é possível acertar sempre!

O poder do marketing pessoal: lições de um mestre da autopromoção

Donald Trump é um dos exemplos mais marcantes de como o marketing pessoal pode impulsionar uma carreira e transformar um nome em uma marca global. Ao longo das décadas, Trump construiu sua imagem como sinônimo de luxo, poder e sucesso, utilizando técnicas estratégicas de autopromoção para fortalecer seus negócios e sua presença na mídia. Seu marketing pessoal não apenas ajudou a expandir seus empreendimentos imobiliários e comerciais, mas também desempenhou um papel fundamental em sua transição para a política, levando-o à presidência dos Estados Unidos.

O impacto do marketing pessoal nos negócios de Trump

Para Donald Trump, o marketing pessoal sempre foi um pilar essencial de sua estratégia empresarial. Diferente de outros empresários que se concentram apenas na solidez dos produtos e serviços oferecidos, Trump percebeu cedo que fortalecer sua própria imagem poderia ser um fator determinante no sucesso de seus empreendimentos.

A Trump Organization, por exemplo, não é apenas um conglomerado imobiliário e de licenciamento de uma marca, mas uma extensão direta da marca "Trump". Os edifícios, hotéis, campos de golfe e produtos que levam seu nome são valorizados, em grande parte, pela percepção pública que ele construiu em torno de si mesmo. Ao projetar-se como um empresário bem-sucedido e visionário, Trump conseguiu atrair investidores, clientes e parceiros comerciais que desejam se associar a essa imagem de prestígio.

Essa estratégia foi especialmente evidente em seu modelo de licenciamento de marca. Em vez de desenvolver e financiar todos os seus empreendimentos diretamente, Trump muitas vezes licenciava seu nome para projetos ao redor do mundo, recebendo taxas substanciais sem precisar arcar com os custos de desenvolvimento. Essa abordagem só foi possível porque ele construiu um marketing pessoal sólido o suficiente para transformar seu nome em um ativo comercial valioso.

Principais estratégias de marketing pessoal

Donald Trump utiliza diversas estratégias eficazes para fortalecer sua imagem e manter-se em evidência. Veja a seguir as que mais se destacam.

1. Uso inteligente da mídia

Trump sempre compreendeu o poder da mídia para construir sua reputação. Ele mantém uma presença constante em entrevistas, programas de TV e redes sociais, garantindo que seu nome nunca saia do radar do público. Seu programa de TV, "O Aprendiz", foi um grande exemplo dessa estratégia. Com seu icônico bordão "You're fired!", Trump reforçou sua imagem como um líder forte e bem-sucedido, consolidando sua marca e ampliando sua audiência global. Com a entrada na vida política, a ascensão de seu nome em escala mundial foi meteórica.

Ele é mestre em gerar manchetes, seja por declarações polêmicas, eventos grandiosos ou posicionamentos estratégicos. Essa habilidade garante que seu nome esteja sempre em evidência, atraindo atenção para ele e seus negócios.

2. Construção de uma forte identidade visual e verbal

A marca Trump tem uma identidade visual clara: letras douradas e arquitetura imponente são características comuns em seus empreendimentos. Essa consistência visual ajuda a reforçar a ideia de luxo e exclusividade.

Além disso, Trump utiliza uma linguagem simples, direta e repetitiva para fixar suas mensagens no público. A famosa frase "You're fired!" ("Você está despedido"), que ele usava com propriedade no programa "O Aprendiz", foi uma de suas "pérolas" para marcar o imaginário popular e cultural.

3. Criação de uma imagem de confiança e autoridade

Trump sempre se apresenta como alguém extremamente confiante, independentemente da situação. Ele utiliza um tom de voz firme, postura dominante e gestos calculados para reforçar sua autoridade. Esse tipo de posicionamento transmite a ideia de que ele está sempre no controle, o que gera credibilidade entre seus seguidores e investidores.

4. Uso estratégico das redes sociais

Donald Trump foi um dos primeiros grandes empresários a utilizar as redes sociais como ferramenta de marketing pessoal. Ele usa plataformas como Twitter e Instagram para se comunicar diretamente com seu público, sem depender da mídia tradicional. Isso lhe permite moldar sua própria narrativa e influenciar debates públicos.

Ao compartilhar suas opiniões de forma direta e sem filtros, ele cria um senso de proximidade com seus seguidores, fazendo com que sua mensagem seja amplificada e viralizada rapidamente. Para Trump, quanto mais polêmico ele for, melhor; quanto mais contundente, melhor ainda!

5. Construção de um estilo de vida associado ao sucesso

Trump constantemente reforça sua imagem de luxo e poder por meio de suas propriedades, jatos particulares e promoção de eventos de alto nível.

Ao se apresentar como alguém que alcançou o auge do sucesso, ele cria um efeito inspirador em seu público, que passa a enxergá-lo como um modelo de prosperidade.

O marketing pessoal de Donald Trump sempre foi uma das ferramentas mais poderosas para o crescimento de seus negócios e sua ascensão na política. Ele compreendeu que, ao transformar seu nome em uma marca, poderia ampliar sua influência e gerar oportunidades sem precedentes.

Suas estratégias de autopromoção, o uso inteligente da mídia, sua presença constante nas redes sociais e a construção de uma identidade visual e verbal forte são lições valiosas para qualquer empreendedor que deseja fortalecer sua imagem e impulsionar seus negócios.

No mundo dos negócios e da comunicação, Trump provou que não basta apenas ter bons produtos ou serviços – a forma como você constrói e projeta sua marca pessoal pode ser o verdadeiro diferencial entre o sucesso e o anonimato.

Lições de marketing pessoal para empreendedores

As estratégias de marketing pessoal de Donald Trump oferecem lições valiosas para empreendedores que desejam se destacar em seus mercados e construir uma marca forte. A primeira grande lição é que sua imagem pessoal pode se tornar um valioso um ativo estratégico. Independentemente do setor em que você atua, fortalecer sua presença, credibilidade e autoridade pode atrair mais clientes, investidores e oportunidades de negócio.

Outra lição essencial é o uso estratégico da mídia e das redes sociais. Trump demonstrou que, ao controlar sua própria narrativa e se comunicar diretamente com seu público, é possível criar conexões mais autênticas e amplificar sua mensagem sem depender exclusivamente da imprensa tradicional.

Além disso, Trump ensina a importância da consistência e repetição. Ele usa frases de impacto e reforça constantemente sua identidade, tornando-se facilmente reconhecido. Empreendedores podem aplicar essa estratégia desenvolvendo um discurso claro sobre seus diferenciais e comunicando-o de forma repetitiva e consistente.

Aplicações práticas para empreendedores

1. **Fortaleça sua marca pessoal** – Crie uma identidade visual e um tom de comunicação único para seu negócio.
2. **Esteja presente na mídia e nas redes sociais** – Utilize plataformas digitais para promover sua marca, seus produtos e serviços.
3. **Seja confiante e persuasivo** – Transmita credibilidade e autoridade no que você faz.
4. **Crie um estilo de comunicação impactante** – Use mensagens claras e constantes para reforçar sua presença no mercado.

Ao aplicar essas estratégias, qualquer empreendedor pode construir uma marca forte, aumentar sua influência e gerar mais oportunidades para o seu negócio.

Licenciamento de marca como modelo de negócios

Trump percebeu cedo que seu nome tinha valor próprio. Em vez de limitar-se a projetos que ele mesmo desenvolvia, licenciou a marca Trump para empreendimentos ao redor do mundo, de edifícios residenciais a produtos de consumo, como perfumes e água engarrafada.

Explorar modelos de negócio que permitem gerar receita com base na sua marca ou propriedade intelectual é uma estratégia inteligente. Isso reduz riscos e amplia a presença no mercado sem exigir grandes investimentos diretos.

O valor das parcerias e sociedades nos negócios

Donald Trump, ao longo de sua carreira como empreendedor no mercado imobiliário, demonstrou entender profundamente o valor das parcerias estratégicas, sociedades em negócios e a captação de investidores. Esses elementos foram cruciais para o crescimento de seus negócios, principalmente em setores como construção, hotelaria e entretenimento.

Um dos aspectos mais notáveis na abordagem de Trump é sua capacidade de identificar parceiros que compartilhem objetivos comuns. Para

Trump, uma parceria bem-sucedida não é apenas uma relação comercial, mas um alinhamento de visões. Ele frequentemente busca indivíduos e empresas que tragam recursos, expertise ou acesso a mercados que complementem seus próprios empreendimentos.

Trump também valoriza o conceito de risco compartilhado. Ao atrair investidores para seus projetos, ele não apenas amplia o alcance de suas operações, mas também divide as responsabilidades financeiras. Essa abordagem foi essencial em empreendimentos de grande escala, como a construção de arranha-céus, resorts de luxo e cassinos. Ele sabe que envolver os investidores certos pode ser a diferença entre o sucesso e o fracasso em projetos complexos e de alto risco.

Outro ponto crucial na administração dessas relações é a negociação. Trump é conhecido por seu estilo direto e por estabelecer expectativas claras desde o início. Ele entende que transparência e confiança são fundamentais para manter parcerias de longo prazo. Mesmo em momentos de adversidade, ele usa sua habilidade de persuasão para renegociar termos ou encontrar soluções vantajosas para ambas as partes.

Por fim, Trump reconhece que parcerias não são apenas transações comerciais, mas também oportunidades de criar redes influentes que podem ser aproveitadas em projetos futuros. Essa visão estratégica permitiu que ele não apenas acumulasse riqueza, mas também construísse uma marca global em torno de seu nome.

Ninguém constrói um império sozinho. Identificar parceiros estratégicos e criar colaborações mutuamente benéficas é essencial para escalar um negócio.

Donald Trump participou de diversas parcerias estratégicas e sociedades ao longo de sua carreira, muitas das quais foram cruciais para o crescimento de seu império. Veja a seguir alguns exemplos notáveis.

1. Parcerias na construção da Trump Tower

A construção do icônico edifício Trump Tower, em Nova York, foi um marco na carreira de Trump. Para viabilizar o projeto, ele firmou parcerias estratégicas com investidores e empreiteiras que possuíam expertise em grandes obras. Além disso, contou com o apoio financeiro de bancos de investimentos, que forneceram recursos significativos para o projeto.

2. Sociedade no Trump International Hotel and Tower

Esse empreendimento, localizado em grandes cidades como Chicago, Toronto e Las Vegas, é fruto de parcerias estratégicas com investidores locais e internacionais. Essas sociedades ajudaram Trump a expandir sua marca globalmente, mantendo o padrão de luxo associado ao seu nome.

3. O sucesso com "O Aprendiz"

A parceria com a NBC para produzir e exibir o *reality show "The Apprentice"* ("O Aprendiz) foi uma das mais lucrativas e estratégicas para Trump. O programa não apenas gerou milhões de dólares em receitas, mas também fortaleceu sua marca pessoal, projetando-o como um símbolo de sucesso nos negócios.

4. Joint ventures internacionais

Trump firmou diversas *joint ventures* com investidores estrangeiros, especialmente no setor imobiliário. O *Trump International Golf Links Scotland* é um exemplo de como ele colaborou com investidores locais para criar um resort de luxo, aproveitando oportunidades em mercados internacionais.

5. Parcerias com marcas de luxo

Trump também estabeleceu parcerias com marcas de alto padrão, como a Cipriani, empresa italiana do setor de hospitalidade de luxo, e a LVMH, holding francesa dona das marcas Louis Vuitton, Christian Dior, Tiffany & Co e Bulgari, entre outras. Parcerias como essas são feitas para garantir que seus empreendimentos sejam associados a um estilo de vida luxuoso e exclusivo.

Esses exemplos reforçam a habilidade de Trump em identificar oportunidades de colaboração que gerem valor para todas as partes envolvidas, consolidando sua posição como um dos empresários mais conhecidos globalmente.

Apostar na exclusividade

Donald Trump também sempre buscou destacar-se pela exclusividade. Seus empreendimentos não são projetados para competir em preço, mas para proporcionar experiências únicas. Campos de golfe, resorts e torres residenciais de alto padrão atraem um público disposto a pagar pela percepção de luxo.

Uma lição importante que podemos tirar dessa estratégia de Trump é que, ao criar produtos ou serviços exclusivos é possível evitar competição direta e construir um nicho que valoriza qualidade e não quantidade ou preço.

Comunicação direta e liderança assertiva

Trump é conhecido por sua comunicação direta e por tomar decisões de forma assertiva. Embora isso tenha gerado controvérsias em várias ocasiões, também o posicionou como um líder confiante e decidido, características que inspiram seus seguidores e sua equipe.

Donald Trump é uma figura polarizadora, mas sua abordagem única de liderança oferece *insights* interessantes sobre como ele gerencia e inspira seus subordinados. Ao longo de sua carreira empresarial, Trump cultivou um estilo de liderança caracterizado por autoconfiança, comunicação direta e um foco implacável em resultados.

Liderança baseada na autoridade e confiança

Trump lidera com um senso de autoridade inquestionável. Ele projeta confiança em suas decisões e frequentemente afirma ser especialista em qualquer assunto que aborda. Esse comportamento inspira segurança em alguns subordinados, pois cria a impressão de que o líder está no controle total da situação. No entanto, essa abordagem pode ser controversa, especialmente entre aqueles que preferem um estilo de liderança mais aberto.

Uma característica fundamental de seu estilo é a habilidade de tomar decisões rápidas e audaciosas. Ele tende a valorizar a ação em lugar de uma análise prolongada, incentivando sua equipe a seguir em frente mesmo diante de incertezas. Esse senso de urgência pode ser motivador para subordinados que prosperam em ambientes de alta pressão, mas também pode gerar tensões quando as decisões rápidas não produzem os resultados esperados.

Trump frequentemente inspira seus subordinados ao promover um senso de grandeza e ambição. Ele posiciona seus empreendimentos e projetos como os "melhores" ou os "maiores" no mercado, criando um senso de propósito grandioso entre sua equipe. Essa narrativa de sucesso constante é fortalecida por sua habilidade de reconhecer e recompensar resultados positivos, seja por meio de elogios públicos ou incentivos financeiros.

Além disso, Trump é conhecido por estimular a competitividade dentro de suas equipes. Ele acredita que a competição interna impulsiona a produtividade e incentiva cada subordinado a dar o melhor de si. Embora essa estratégia possa ser eficaz para alguns, ela também pode criar um ambiente de trabalho estressante. Entretanto, essa não é uma abordagem de liderança exclusiva de Trump. Muitos empreendedores se destacaram e obtiveram grandes resultados criando um ambiente competitivo dentro de suas empresas, como foi o caso de Steve Jobs, da Apple.

A comunicação de Donald Trump com seus subordinados é direta, muitas vezes informal, e altamente voltada para resultados. Ele prefere diálogos curtos e objetivos, priorizando ações práticas em vez de longas discussões ou análises detalhadas. Essa abordagem reflete sua preferência por uma estrutura hierárquica clara, em que as decisões fluem de cima para baixo.

Trump também utiliza estratégias de comunicação que reforçam sua marca pessoal. Ele é conhecido por sua capacidade de criar slogans memoráveis e frases de impacto, o que se traduz na forma como delega tarefas e motiva sua equipe. Ele frequentemente simplifica mensagens complexas para garantir que todos entendam a direção estratégica, criando uma sensação de alinhamento e clareza.

Embora sua comunicação seja impactante, ela também pode ser vista como confrontadora. Trump é conhecido por criticar diretamente seus subordinados quando está insatisfeito com os resultados. Ele não evita conflitos e acredita que discussões acaloradas podem levar a soluções mais eficazes. Para alguns, essa abordagem direta é um estímulo para a melhoria contínua; para outros, pode ser percebida como intimidação.

Delegação e confiança nos líderes locais

Uma característica importante do estilo de liderança de Trump é sua confiança em líderes locais ou gerentes de alto nível para implementar suas visões. Ele delega responsabilidades significativas para sua equipe, muitas vezes permitindo que tomem decisões dentro de um escopo definido. Isso permite agilidade na execução dos projetos, mas também exige que os subordinados tenham alta competência e confiança para lidar com a pressão.

Trump tende a ser exigente com seus subordinados, esperando que eles apresentem resultados rapidamente. Essa alta expectativa pode ser desafiadora, mas também motiva sua equipe a se esforçar para atender aos padrões elevados estabelecidos por ele.

Embora Trump delegue grande parte das operações diárias de seus negócios, ele mantém um olhar atento sobre os detalhes críticos. Ele exige relatórios claros e objetivos de seus subordinados e não hesita em intervir quando necessário. Sua habilidade de equilibrar a delegação com a supervisão detalhada permite que seus negócios operem com eficiência enquanto ele mantém o controle estratégico.

O estilo de liderança de Donald Trump é tão controverso quanto sua personalidade pública. Ele lidera com autoridade, inspira por meio de ambição e competição, e se comunica de forma direta e impactante. Enquanto alguns subordinados prosperam em um ambiente de alta pressão e metas grandiosas, outros sucumbem perante seu estilo desafiador ou intimidante.

Apesar das controvérsias, Trump demonstra a importância de autoconfiança, clareza na comunicação e reconhecimento de resultados como ferramentas eficazes para liderar equipes. Seu estilo ressalta que liderança não é uma abordagem única para todos; ela depende do contexto e das pessoas envolvidas. Para aqueles que desejam entendê-lo, e aprender com ele, sua capacidade de manter o foco em objetivos claros e sua habilidade de motivar a equipe são lições valiosas que transcendem a polarização de sua figura.

Uma lição importante que podemos extrair do estilo de Donald Trump é que uma liderança clara e assertiva é fundamental para promover a confiança e alinhar equipes em direção a objetivos comuns. A clareza na comunicação ajuda a evitar mal-entendidos e a acelerar a execução de planos.

Atenção aos detalhes

Donald Trump é conhecido por seu estilo audacioso e direto na administração de negócios, mas o que muitas vezes passa despercebido é sua atenção cuidadosa aos detalhes em seus empreendimentos. Apesar de projetar uma imagem de líder que delega amplamente, Trump reconhece o valor estratégico de se atentar a aspectos específicos que podem fazer toda a diferença no sucesso de um projeto. Sua dedicação aos detalhes vai desde o *design* e *branding* de seus empreendimentos até as negociações financeiras e o relacionamento com parceiros.

Atenção ao design da marca

Trump entende que o luxo não está apenas nos elementos grandiosos, mas também nos pequenos toques que elevam a experiência do cliente. Por exemplo, a escolha de materiais de alta qualidade, como mármore italiano e lustres de cristal, não é aleatória. Esses detalhes reforçam a imagem de exclusividade e sofisticação associada à marca Trump.

Além disso, ele presta atenção minuciosa ao *branding* de seus empreendimentos, garantindo que o nome "Trump" seja sinônimo de prestígio. Desde a escolha de fontes e logotipos até a forma como os funcionários se apresentam, cada detalhe é pensado para transmitir o luxo que sua marca promete. Isso destaca a importância de um posicionamento consistente e detalhado para fortalecer a identidade de um negócio.

Trump também se mantém atento aos detalhes nas negociações financeiras. Ele é conhecido por revisar contratos e acordos meticulosamente, muitas vezes buscando termos que favoreçam seus objetivos de longo prazo. Essa abordagem garante que ele tenha controle sobre os aspectos cruciais de cada projeto, minimizando riscos financeiros e maximizando o retorno.

Ao administrar empreendimentos imobiliários, Trump frequentemente examina pessoalmente as condições de mercado e os potenciais custos operacionais. Ele entende que detalhes aparentemente pequenos – como taxas de manutenção ou localização das propriedades – podem ter impactos significativos nos lucros a longo prazo. Essa visão detalhista o ajuda a identificar oportunidades que outros poderiam ignorar.

Para Trump, os detalhes são a base de um empreendimento bem-sucedido. Eles ajudam a garantir que cada projeto seja executado com precisão e alinhado aos padrões de sua marca. Mais do que isso, ele entende que o descuido em relação aos detalhes pode comprometer a reputação e a viabilidade financeira de um negócio.

Empreendedores podem aprender muito com a maneira como Trump lida com os detalhes em seus negócios. Aqui estão algumas lições importantes:

1. **Valorize o impacto dos pequenos detalhes** – Desde a experiência do cliente até os custos operacionais, detalhes aparentemente irrelevantes podem influenciar significativamente o sucesso de um empreendimento.
2. **Construa uma marca forte e consistente** – Cuide de cada aspecto da sua marca, desde o design até a forma como ela é percebida pelo mercado.
3. **Revise contratos e negociações cuidadosamente** – Prestar atenção aos detalhes financeiros pode prevenir riscos e melhorar os lucros.
4. **Mantenha o equilíbrio entre delegação e supervisão** – Confie em sua equipe, mas não deixe de acompanhar de perto os aspectos mais importantes do negócio.

Ao incorporar essas práticas, empreendedores podem garantir que seus negócios prosperem, mesmo em mercados altamente competitivos. A lição mais importante de Trump é que o sucesso não está apenas nas grandes decisões, mas também na maneira como você gerencia os menores detalhes.

A qualidade percebida está nos detalhes. Empreendedores devem garantir que cada aspecto de seu produto ou serviço reflita os valores da marca e atenda às expectativas do cliente.

A habilidade de Trump em negociações comerciais: estratégias e exemplos de sucesso

Donald Trump construiu sua carreira e sua marca como um negociador audacioso, conhecido por sua abordagem agressiva e autoconfiante. Ao longo de décadas, ele consolidou uma reputação como alguém que sabe como fechar negócios de alto impacto, transformar desafios em oportunidades e extrair o máximo de valor em negociações complexas. Embora sua abordagem tenha atraído tanto a admiração quanto as críticas, é inegável que suas habilidades de negociação desempenharam um papel central na construção de seu império empresarial.

Considerado um negociador habilidoso, Trump tem a capacidade de alcançar acordos vantajosos em cenários desafiadores, e sua disposição para assumir riscos e sua confiança em sua visão estratégica são características que o destacam. No entanto, seu estilo controverso, que combina táticas de pressão e persuasão com uma postura inflexível, também pode gerar conflitos.

Habilidades de negociação que se destacam

1. **Confiança e persistência** – Trump é conhecido por sua autoconfiança inabalável. Ele acredita em suas ideias e as promove vigorosamente, independentemente do ceticismo de outras partes. Essa determinação muitas vezes convence os outros de que sua proposta é sólida e viável.

2. **Tomada de riscos calculados** – Trump não tem medo de assumir riscos, desde que eles estejam alinhados com sua visão de longo prazo. Ele frequentemente coloca em jogo grandes apostas, confiando em sua habilidade de superar obstáculos e alcançar o sucesso.

3. **Foco no valor percebido** – Ele entende a importância do *branding* e da percepção de valor. Trump frequentemente promove seus projetos como os "maiores" ou "melhores" para atrair parceiros e investidores, criando um senso de exclusividade e prestígio.

4. **Táticas de pressão e confronto** – Em negociações, Trump adota uma abordagem combativa, muitas vezes pressionando seus oponentes com prazos curtos, exigências firmes ou ameaças de ações legais. Essa estratégia pode ser polarizadora, mas frequentemente resulta em concessões significativas de outras partes.

5. **Capacidade de reverter cenários adversos** – Mesmo em situações desafiadoras, como crises financeiras ou projetos problemáticos, Trump consegue encontrar saídas vantajosas. Ele utiliza renegociações, parcerias estratégicas e reestruturações para transformar adversidades em oportunidades.

Exemplos de negociações de sucesso

Aquisição do Grand Hyatt Hotel

Um dos primeiros sucessos significativos de Trump foi a negociação para transformar o Commodore Hotel, uma propriedade decadente em Nova York, no Grand Hyatt Hotel. Trump negociou incentivos fiscais com a cidade de Nova York, garantindo que o projeto fosse financeiramente viável. Essa foi uma jogada estratégica, pois ele utilizou fundos públicos para revitalizar a área e ao mesmo tempo posicionar-se como um empreendedor inovador. O Grand Hyatt tornou-se um marco de luxo e consolidou sua reputação no setor imobiliário.

Trump Tower

O desenvolvimento da Trump Tower em Nova York é outro exemplo notável. Trump enfrentou desafios regulatórios e críticas de grupos de preservação histórica para construir o prédio de 58 andares na Quinta Avenida. Ele negociou habilmente para garantir as aprovações necessárias e contratou designers renomados para criar um edifício que simbolizasse luxo e exclusividade. O sucesso do projeto atraiu compradores de alto perfil e estabeleceu a marca Trump como sinônimo de sofisticação.

Renegociações durante a crise dos anos 1990

Durante a crise financeira dos anos 1990, Trump enfrentou dificuldades significativas em razão das dívidas acumuladas em seus empreendimentos, especialmente os cassinos em Atlantic City. Em vez de declarar falência, ele renegociou com credores, usando sua habilidade persuasiva para evitar liquidações. Ele convenceu bancos e investidores de que sua recuperação era uma aposta melhor do que assumir prejuízos imediatos.

Parcerias internacionais e licenciamento de marca

Nos mercados globais, Trump utilizou negociações de licenciamento para expandir sua marca sem comprometer grandes recursos. Parcerias em países como Turquia, Índia e Filipinas permitiram que ele lucrasse com o uso de seu nome em empreendimentos locais, reduzindo riscos financeiros diretos enquanto aumentava sua presença internacional.

Lições de negociação de Donald Trump

1. **Seja confiante e persuasivo** – Trump mostra que acreditar na sua visão e comunicá-la com convicção pode ser determinante em negociações.
2. **Explore o valor percebido** – Ele entende que a percepção de exclusividade pode aumentar o valor de uma oferta.
3. **Esteja pronto para enfrentar conflitos** – Sua disposição para pressionar adversários e enfrentar disputas legais demonstra que, às vezes, é necessário defender firmemente sua posição.
4. **Adapte-se em situações difíceis** – Trump ensina que crises podem ser revertidas com criatividade e persistência.

O estilo de negociação de Donald Trump combina táticas de pressão, visão estratégica e uma abordagem ousada para fechar acordos vantajosos. Ele alcançou sucessos significativos em sua carreira, demonstrando que habilidades de negociação podem ser o diferencial entre o sucesso e o fracasso. Para empreendedores, suas estratégias são um lembrete do poder da confiança, da resiliência e da capacidade de criar valor em qualquer situação.

Os fracassos de Trump e as lições aprendidas

Nem tudo foi sucesso na carreira de Donald Trump, como já abordamos anteriormente. Empreendimentos como a Trump Airlines, a Trump Vodka e os cassinos em Atlantic City fracassaram por uma combinação de *timing* inadequado, mercado saturado e estratégias mal executadas. Contudo, Trump soube minimizar os danos e aprender com esses fracassos.

Uma grande lição que podemos obter analisando os reveses na carreira de Donald Trump é que os erros são inevitáveis, mas o importante é como reagimos a eles. Empreendedores devem avaliar criticamente o que deu errado e usar esse aprendizado para evitar erros futuros.

Gerenciamento de crises

Ao longo de sua carreira empresarial e política, Trump enfrentou inúmeras crises que testaram sua capacidade de liderança e resiliência. Apesar de controverso, ele demonstrou habilidades notáveis na gestão de situações adversas, muitas vezes transformando desafios em oportunidades.

Uma das principais características de sua abordagem é a capacidade de controlar a narrativa. Em momentos de crise, Trump utiliza estratégias agressivas de comunicação para moldar a percepção pública a seu favor, mesmo quando enfrenta duramente fatos adversos. Ele claramente faz uso de uma antiga estratégia de guerra, utilizando o ataque como a melhor forma de defesa. Ele reconhece a importância de manter sua base fiel de apoio e sabe como se conectar diretamente com ela, especialmente por meio de canais como as redes sociais.

Outra lição fundamental é sua habilidade de tomar decisões rápidas e audaciosas. Em crises empresariais, como a falência de alguns de seus cassinos, Trump optou por renegociar contratos e priorizar parcerias estratégicas para reduzir prejuízos. Embora nem sempre bem-sucedido, sua disposição para agir sem hesitação mostra a importância de evitar a paralisia decisória em momentos críticos.

Trump sabe como manter a segurança e uma autoestima incrivelmente elevada, mesmo em cenários de incerteza. Ele projeta uma imagem de autoconfiança e otimismo, o que pode inspirar seguidores e parceiros, mesmo quando os fatos não são favoráveis.

Por fim, uma lição valiosa é a capacidade de se reinventar. Ao longo de suas crises empresariais, Trump sempre procurou novos caminhos para reconstruir sua imagem e explorar novas oportunidades, mostrando que crises podem ser trampolins para o crescimento.

Embora sua abordagem não seja isenta de críticas, sua trajetória oferece importantes reflexões sobre comunicação, decisões rápidas e resiliência diante das adversidades.

Em momentos de crise, manter a calma e buscar soluções criativas é essencial. A transparência e o foco ao resolver problemas são fundamentais para preservar a confiança de clientes e investidores.

Inovação e adaptação ao mercado

Trump foi rápido em identificar tendências e adaptar sua estratégia para aproveitá-las. Ao licenciar sua marca e expandir para mercados internacionais, ele garantiu a relevância de sua organização em um ambiente de negócios globalizado.

Empreendedores devem estar atentos às mudanças do mercado e buscar inovações que agreguem valor. Flexibilidade e abertura para novas ideias são cruciais para o crescimento sustentável. É necessário avaliar a situação de um mercado saturado e com grande concorrência e, se necessário, expandir para mercados com menor concorrência e com um ambiente de negócios mais favorável.

Os negócios de Donald Trump oferecem lições importantes para empreendedores e gestores. Seus sucessos demonstram o poder da visão, do *branding* e da liderança assertiva, enquanto seus fracassos ressaltam a importância da resiliência, da adaptação e do aprendizado contínuo. Trump é um exemplo de como a ambição, combinada com estratégias bem planejadas e uma mentalidade de crescimento, pode levar ao sucesso nos negócios. Para empreendedores e administradores, o estudo de sua trajetória oferece *insights* valiosos sobre como enfrentar desafios e capitalizar oportunidades em um mundo competitivo.

“Donald Trump é um dos exemplos mais marcantes de como o marketing pessoal pode impulsionar uma carreira e transformar um nome em uma marca global.”

Bibliografia

Trump D. J.; Mclver M. *Trump: think like a billionaire* – everything you need to know about success, real state, and life, , Ballantine Books, 2005.

__________*Trump never give up: how I turned my biggest challenges into success*, Donald J. Trump e Meredith Mclver, Wiley, 2008.

Trump D. J.; Schwartz T. *Donald Trump: a arte da negociação*, Ed. Citadel, 2017.

Links de fontes e referências on-line

https://brasil.elpais.com/brasil/2016/12/14/politica/1481749778_129945.html

https://creci-rj.gov.br/donald-trump-investe-em-hotel-de-luxo-rio/

https://einvestidor.estadao.com.br/comportamento/donald-trump-eleicoes-eua-2024-qual-o-patrimonio-do-republicano-eleito/

https://exame.com/mundo/como-trump-transformou-banimento-das-redes-sociais-em-negocio-bilionario/

https://forbes.com.br/principal/2018/05/mar-a-lago-rende-mais-de-us-100-milhoes-a-donald-trump/

https://g1.globo.com/mundo/noticia/2016/08/jornal-denuncia-que-imobiliaria-da-familia-de-trump-discriminou-negros.html

https://g1.globo.com/rio-de-janeiro/noticia/2016/11/conjunto-de-predios-de-trump-no-rio-ainda-nao-saiu-do-papel.html

https://money.cnn.com/2015/09/03/news/economy/donald-trump-jobs-created/index.html

https://www.cnnbrasil.com.br/internacional/donald-trump-relembre-a-trajetoria-do-bilionario-que-virou-presidente-dos-eua/

https://www.infomoney.com.br/onde-investir/trump-media-planeja-lancar-etfs-de-industria-energia-e-bitcoin-made-in-usa/

https://www.reuters.com/technology/trump-media-files-trademark-investment-products-targeting-bitcoin-us-industries-2025-02-06/

https://www.usatoday.com/story/news/world/2017/02/08/south-american-trump-tower-plans/97639662/